DROEMER

Nadine Ahr

Das Versprechen

Eine Geschichte von Liebe und Vergessen

DROEMER

Besuchen Sie uns im Internet:
www.droemer.de

FSC
www.fsc.org
MIX
Papier aus verantwortungsvollen Quellen
FSC® C006701

Ein Unternehmen der Droemerschen Verlagsanstalt
Th. Knaur Nachf. GmbH & Co. KG, München.

Umschlaggestaltung: ZERO Werbeagentur, München
Umschlagabbildung: © Joanna Nottebrock | www.joanna.nottebrock.de
Lektorat: Heike Gronemeier
Satz: Adobe InDesign im Verlag
Druck und Bindung: CPI books GmbH, Leck
ISBN 978-3-426-27596-2

2 4 5 3 1

Für Edwin

Prolog

Als der Organist die ersten Töne anschlägt, muss ich schlucken. Ich werde nicht weinen. Das habe ich mir fest vorgenommen. Edwin hätte es nicht gewollt. »Weine nicht, wenn ich gehe. Ich hatte doch ein so schönes Leben«, hat er immer gesagt. Oder hatte sie es immer gesagt? Ich weiß es nicht mehr, und es bedeutet letztlich auch nichts, denn jetzt weine ich doch. Warum auch nicht? Ich bin auf seiner Beerdigung.

Es ist ein Dienstagmorgen im Februar. Ein kalter Wintertag. Kurz nach elf Uhr in einer Sechziger-Jahre-Kapelle in Hannover. In dicken Mänteln sitzen wir in einem schmucklosen Raum mit Backstein an den Wänden und schwarzen Fliesen auf dem Boden. Durch die kleinen Fenster dringen Sonnenstrahlen. Bei Beerdigungen wünscht man sich Regen. Es ist der erste schöne Tag seit Wochen.

Unsere Abschiedsgemeinde ist klein, der Verstorbene hat lange gelebt, 91 Jahre alt ist er geworden, die meisten, die ihn kannten, sind vor ihm gestorben. In der vorderen Reihe rechts sitzen seine Schwiegertochter, sein Enkel. Sein Sohn ist bereits vor ihm gegangen. Herzinfarkt vor sieben Jahren. Links vorne sitzen meine Eltern, meine Patentante und ich. Streng genommen ist keiner aus der linken Reihe mit ihm verwandt. Auch ich nicht.

Edwin Ludwig, der Mann in dem Sarg, war mein Großvater. Der einzige, den ich je kannte. Der beste, den ich mir wünschen konnte. Nur blutsverwandt waren wir eben nicht.

Als die letzten Töne der Orgel verklingen und der Redner, der kein Pastor ist, ans Pult tritt und über die Akzeptanz des Todes spricht, monoton und unpersönlich, betrachte ich zum ersten Mal den Sarg, in dem Edwin jetzt liegt und der auf einer weinroten Decke vor mir steht. Es ist ein kleiner Sarg, denke ich. Und dann: Passt er da überhaupt rein? Schließlich war er, mein Großvater, ja ein stattlicher Mann. Wie soll ein so großer, starker Mann in so einen kleinen Sarg passen? Oder liegt er jetzt mit angewinkelten Beinen in dieser Kiste? Ich schüttele den Kopf, verwerfe den Gedanken. Er erscheint mir unpassend. Stattdessen schaue ich auf die Blumengestecke, die den Sarg schmücken. Bunt sind sie. So wie er es mochte. Bunt hatte er gern. »Ein letzter Gruß« steht auf dem Band an dem Gesteck, das auf dem Sarg liegt, dazu die Namen von seinem Enkel und seiner Schwiegertochter. Links und rechts auf dem Boden zwei weitere Blumengestecke, weitere Grüße, »in liebender Erinnerung«, Namen von Wegbegleitern. Gestecke wie tausend andere auch. So wie man es eben macht. Nur ein Gesteck, links neben dem Sarg, sieht anders aus. Blumen in Orange, Lila und Weiß, ohne Namen auf dem Band. Es hätte ihm gefallen. Ich habe es gekauft.

»Nun sind alle gekommen, um Edwin Ludwig den letzten Gruß zu erweisen«, sagt der Redner am Pult und holt mich aus meinen Gedanken. Es stimmt nicht, was er sagt. Nicht alle sind gekommen. Sie ist nicht gekommen. Die Frau, in deren Namen ich das Gesteck gekauft habe. Sie fehlt. Sie, die Einzige, die ihm wichtig gewesen wäre. Marie, die alle nur Ria nennen. Meine Großmutter. Blutsverwandt mit mir. Sein Mädchen.

Die Geschichte meiner Großeltern ist eine Geschichte wie so viele. Und doch ist es eine wie keine.

Hier an einem Dienstagvormittag im Februar, in einer Sechziger-Jahre-Neubau-Kapelle, in einem schmucklosen Raum, mit einem Redner, der nicht reden kann, und einer Enkelin, die keine ist, endet die Geschichte von Edwin und Ria. Eine Geschichte, die vor 68 Jahren, im August 1945, begann.

1

August 1945. Mit einem letzten Ruck kam der Wagen zum Stehen. Edwin saß auf der Ladefläche, gemeinsam mit den anderen. Drei Tage waren sie nun schon unterwegs, losgelaufen an der Küste im Norden Deutschlands. Dann weiter bis Hamburg mit dem Zug. Gegen Abend hatten sie die Hansestadt erreicht, hatten die Kerzen in den Fenstern und Ruinen gesehen. Angezündet für sie. Für die Heimkehrer. Die Soldaten.

Vier Jahre hatte Edwin im Zweiten Weltkrieg für Hitler gekämpft. Im Norden Frankreichs war er gewesen, dann in Russland. Er hatte Glück gehabt. Dem Kessel von Stalingrad war er knapp entkommen. Mit seiner Einheit war er immer tiefer nach Russland vorgedrungen. Nur zwei, vielleicht drei Tagesmärsche trennten sie von jenem Ort, der eigentlich für Ruhm und Erfolg des Deutschen Reiches stehen sollte. So hatte man es ihnen gesagt. Doch die Geschichte hatte etwas anderes vor. Stalingrad wurde zum Massengrab.

Der Streifschuss hatte Edwin am Oberschenkel getroffen. Wochenlang lag er im Lazarett, das Bein wollte nicht heilen. Als Edwin wieder kampffähig war, gab es seine Einheit nicht mehr. Sie saß fest. In Stalingrad. Lebende Tote. Edwin hatte Glück gehabt.

Nun, anderthalb Jahre später, war er hier. In Hanno-

ver. Mit nichts als einem kleinen Zettel in der Hand, Unterwäsche und ein wenig Hoffnung im Gepäck. »Absteigen«, schrie jemand von vorne. In wenigen Sekunden waren sie von der Ladefläche gesprungen, junge und alte Männer, gewohnt, Befehle auszuführen. Der Lastwagen fuhr los, zurück blieb nur eine Wolke aus aufgewirbeltem Staub, der sich auf die schmutzverkrusteten Uniformen legte. Edwin klopfte seine Kleidung ab. Nach ein paar unbeholfenen Versuchen ließ er es sein. Es brachte doch nichts. Seit Wochen, gefühlt seit Jahren, trug er diese Uniform. Schon längst sah er darin aus wie ein Lumpensack und nicht wie ein Soldat. Ein paar Minuten standen sie unschlüssig herum, die Männer und er, als könnten sie es nicht fassen, dass sie es doch, warum auch immer, geschafft hatten. Suchend, ein wenig hilflos blickten sie sich um. Eine Gruppe Heimkehrer. In einer Heimat, die nicht mehr nach Heimat aussah. Nicht nach dem, was sie kannten. Woran sie gedacht hatten, wenn sie nachts keinen Schlaf finden konnten.

»Hat sich einiges verändert«, sagte ein junger Soldat.

»Kann sein«, brummte Edwin, »ich weiß es nicht. Ich komm nicht von hier.« Seine Finger umklammerten das kleine Stückchen Papier, das er vier Kriegsjahre lang bei sich getragen hatte. Die Buchstaben waren schon verblasst, nur mit Mühe konnte man die Schriftzeichen lesen. Edwin hatte die Wörter im Kopf. Hatte sie sich fest eingeprägt.

»Du«, fragte er den jungen Soldaten, der ihn angesprochen hatte. »Weißt du, wie ich ...« – er blickte noch einmal auf den Zettel, nur um sicherzugehen – »... zur Helenenstraße 4 komme?«

Der junge Soldat, ein schmaler, fast dürrer Mann mit blonden, kurzen Haaren, grinste. »Ja, das weiß ich ganz genau. Ich wohne nämlich in der Helenenstraße 8. Komm einfach mit mir.« Und dann: »Wie heißt du eigentlich?«

»Ich bin Edwin.«
»Ich bin Otto. Woher kommst du?«
»Thüringen«, sagte Edwin.

Am 19. April 1921 wurde Edwin in Katzhütte, einem kleinen Dorf in Thüringen, geboren. Das zweite Kind seiner Eltern. Der Vater ein einfacher Arbeiter, der im Eisenwerk schaffte, die Mutter Hausfrau. Leute vom Dorf, die keine Reichtümer hatten, doch genug zum Leben. Ein einfaches, ein gutes Leben. Selbst Ende der zwanziger Jahre, als Freunde und Nachbarn ihren Job verloren und man am Gartenzaun von Hitler sprach – ein beherzter Mann, mit dem nun endlich alles besser werden würde –, hatte sein Vater Arbeit gehabt. Das Eisenwerk ging gut. Vielleicht war auch das ein Grund, warum Arno, Edwins Vater, stets ein überzeugter Kommunist blieb. Selbst dann, als man das schon nicht mehr laut äußern durfte. »Arno«, sagte Edwins Mutter immer, wenn der Vater einen über den Durst getrunken hatte und gegen die Faschisten, »diese Elenden«, hetzte. »Arno, sei still. Du bringst uns noch in Teufels Küche.« »Ich? Die werden uns in Teufels Küche bringen. Die, nicht ich!«

Edwin, damals kaum älter als zehn Jahre, hatte nur wenig verstanden von den Reden seines Vaters. Von Proletariern, die sich vereinigen sollten, und all dem politischen Kram. Er zog lieber durch den Thüringer Wald. Ein Abenteuerspielplatz, in dem sie Räuber und Gendarm spielten und später die Mädchen hinters Gebüsch zogen für den ersten heimlichen Kuss. Die Welt in Katzhütte, Edwins Welt, war lange heil geblieben. Selbst dann noch, als »heil« schon für etwas ganz anderes stand. Als Hitler Polen überfallen hatte und der Krieg etwas war, das nicht mehr nur in der Luft lag, sondern Realität geworden war. Da hatte Edwin gerade seine Lehre zum Eisenformer beendet, in der Gießerei, in der auch sein Vater schaffte. Hatte seine erste große Liebe kennengelernt, Nächte in den Scheunen getanzt, sich einen Kuss und auch noch mehr erstohlen.

Es war im Winter 1940, Edwin war gerade 19 Jahre alt, als der Einberufungsbefehl kam. Vier Jahre hatte er, der Sohn eines Kommunisten, danach für den Endsieg gekämpft. Hier, in Hannover, weit weg von Daheim, auf einem Schotterplatz, ging seine Zeit als Soldat zu Ende.

Im Marschtempo setzten sich Otto und Edwin in Bewegung. Ein Stück geradeaus, dann rechts um auf eine Hauptstraße, an einem künstlich angelegten See entlang.

»Das ist der Maschsee«, sagte Otto und deutete mit einem Kopfnicken auf das Wasser. »Naherholungsgebiet. Hitler hat den See bauen lassen.«

Edwin brummte. Der Frieden war noch zu frisch, es waren nicht die Tage, in denen man über Hitler sprechen wollte. Man wollte gar nichts mehr. Nur Ruhe. Frieden. Und irgendwie nach Hause.

Als hätte er Edwins Gedanken erraten, fragte Otto: »Warum bist du hier und gehst nicht nach Hause?«

»Die Russen«, sagte Edwin.

Mehr brauchte er nicht zu sagen. Otto nickte stumm. Kein Soldat, der noch bei Verstand war, wollte in eine russische Besatzungszone gehen. Edwin hatte selbst Russen getötet, hatte gesehen, was die Männer der SS und andere in Russland angerichtet hatten. Er wusste, dass es in fast jeder russischen Familie Tote gegeben hatte. Wusste, wie groß der Hass auf sie, die deutschen Soldaten, die Nazis war. Deshalb war er nicht nach Hause gefahren. In seinen Thüringer Wald, in sein Dorf, mit dem kleinen Bach hinter dem Elternhaus, der im Frühjahr, wenn die Schneeschmelze kam, zu einem reißenden Fluss wurde.

»Und was willst du hier?«

»Mein Onkel wohnt hier«, sagte Edwin und tastete nach

dem Zettel in seiner Tasche mit der Adresse, die ihm sein Vater zugesteckt hatte. Helenenstraße 4. »Für alle Fälle«, hatte der Vater gesagt.

Sie brauchten kaum mehr als eine halbe Stunde, bis sie in die Helenenstraße einbogen. Die meisten Häuser in der Straße waren unversehrt. Nur hinten links, da wo früher ein Haus gestanden hatte, war nun nichts mehr. Nur Schutt und Asche.

Sie verabschiedeten einander mit einem Handschlag. Otto und er. Gefährten auf dem Weg in ein neues Leben.

»Da vorne, das ist die Nummer 4«, rief Otto ihm noch zu, bevor er im Hauseingang verschwand.

Edwin lief die letzten Meter zum Haus seines Onkels allein.

Die Haustür stand offen. Draußen dämmerte es bereits. Der Flur, in den Edwin eintrat, war dunkel und kühl, es roch nach einem Gemisch aus Eintopf und Schweiß. An der Wohnung im Erdgeschoss kein Name an der Tür, also weiter, die Treppen hoch. Im ersten Stock, gleich links, ein kleines Schild. »Acker« war darauf zu lesen. Der Nachname seines Onkels. Stimmengewirr von drinnen. Edwin klopfte. Einmal. Zweimal. Dann öffnete sich die Tür.

Eine rundliche Frau mit Falten um die Augen und einer Schürze um die Hüfte sah ihn an. Schweigend standen sie sich gegenüber. Ein paar Sekunden vielleicht. Dann brach es aus ihr heraus. »Edwin«, schrie die kleine Dicke und drückte den Soldaten, ein großer stattlicher Mann, etwas ausgemergelt zwar, doch immer noch breitschultrig, an ihre Brust. Drückte fest. Erdrückte ihn fast, bevor sie ihn endlich losließ und sich umdrehte. »Vater, du glaubst es nicht, komm her, der Edwin ist hier! Hol den Selbstgebrannten aus dem Keller! Edwin, wie schön! Komm rein, mein Junge! Edwin, nun komm doch!«

Der Onkel trat aus einem der Zimmer. Er sah älter aus,

als Edwin ihn in Erinnerung hatte. Zuletzt hatten sie sich zu Hause in Katzhütte gesehen. Aber das war lange bevor der Krieg ausgebrochen und sein Onkel mit seiner Familie nach Hannover gezogen war. Nur seine Augen waren unverändert. Wach und listig. Dieselben wie die seines Vaters. Von der Mutter, seiner Großmutter, hatten sie die Augen geerbt. Zweimal war sie verheiratet gewesen, je einen Sohn, erst seinen Onkel, in der zweiten Ehe dann seinen Vater, hatte sie ihren Ehemännern geschenkt.

Edwin folgte den beiden in die Küche. Am Herd stand Lene, die älteste Tochter. »Marie, unsere Jüngste ist noch unterwegs«, sagte seine Tante. »Hamstern beim Bauern. Na, du weißt ja, wie das ist. Furchtbare Zeiten.«

»Ach Else, jetzt hör auf«, fuhr Erwin ihr über den Mund. »Furchtbare Zeiten. Wir leben doch noch! Jetzt trinken wir erst einmal einen, Edwin. Darauf, dass du gesund zurückgekehrt bist, mein Junge.« Erwin schob ihm ein Glas mit Schnaps zu.

Sie hatten schon das eine oder andere Glas getrunken, als die Haustür knarrte. Eine junge Frau, grüngraue Augen, langes, etwas dünnes Haar, trotz der Entbehrungen des Krieges nicht dürr, sondern an den richtigen Stellen kurvig, stand auf der Türschwelle.

»Da ist sie ja!«, rief Edwins Tante. »Junge, das ist unsere Ria. Kannst du dich noch an sie erinnern? Du hast sie früher immer an den Zöpfen gezogen. Damals in Katzhütte. Da warst du noch ganz klein. Weißt du noch?«

Edwin wusste es nicht mehr. Er lächelte. Marie, die alle nur Ria nannten, lächelte zurück.

Die Tage und Wochen vergingen, ohne dass sie von Bedeutung waren. Als der Sommer fast vorüber war, hatte Edwin Arbeit gefunden. In einem Eisenwerk in Wülfel, einem Ortsteil von Hannover. Er hatte mal wieder Glück gehabt.

Das Werk war im Krieg kaum beschädigt worden, sie brauchten jeden Mann, den sie nur finden konnten. Tagsüber malochte Edwin in der Fabrik, nachts schlief er auf dem Sofa in der Küche direkt neben dem Ofen.

Es war an einem Sonntag im Herbst, als das erste Laub schon bunt wurde und die Sonne noch einmal schien, bevor sie sich in den Winter verabschiedete. Das Mittagessen war vorüber. Eintopf. Nur sonntags mit Fleisch, nicht mehr als eine Brühe mit ein paar Brocken Huhn und ein bisschen Kartoffeln. Ria hatte den Abwasch gemacht, Onkel und Tante hielten Mittagsschlaf. Edwin hatte ihr zugesehen, wie sie die Teller spülte, sie abtrocknete und in das wackelige Holzregal räumte. »Es ist so schön draußen, wollen wir nicht spazieren gehen?«, hatte er sie gefragt, bemüht, möglichst beiläufig zu klingen.

Sie waren zum Maschsee geschlendert, jenem künstlich angelegten See, an dem Edwin am Tag seiner Ankunft vorbeimarschiert war. Ria trug ein schlichtes Kleid, ihr Haar fiel offen auf ihre Schultern. Edwin hatte alte Sachen von Onkel Erwin an, er hatte ja noch nichts Eigenes. Und die Auslagen in den Geschäften, in denen er sich etwas hätte kaufen können, waren so kurz nach dem Krieg noch leer.

So liefen sie am Ufer entlang. Edwin links, Ria rechts von ihm. Anfangs hatten sie nicht viel miteinander gesprochen, fast wortlos waren sie nebeneinander hergegangen. Manchmal schauten sie sich an, scheu, verlegen, bis einer den Blick wieder senkte.

»Kennst du eigentlich noch den alten Wilhelm aus Katzhütte?«, hatte Edwin sie gefragt und damit die Stille durchbrochen. Es war eine blöde Frage, fand Edwin, aber er wusste nicht, was er sonst sagen sollte.

»Der, der immer Selbstgespräche führte?«

»Genau«, hatte Edwin gesagt und ihr eine von Wilhelms

Geschichten erzählt. Ria hatte ihm zugehört und an den richtigen Stellen gelacht. Edwin hatte sie angesehen, beobachtet, wie sie erst den Kopf zurückwarf, wenn sie lachte, und dann, als wäre es ihr peinlich, die Hand vor ihren Mund hielt. Wie ein kleines Mädchen, fand Edwin. Ria hatte seiner tiefen Stimme gelauscht. Ihm, immer einen Moment zu lang, in seine grünen Augen geschaut. So lange, dass sie nicht mehr auf den Weg achtete und stolperte. Beinahe wäre sie gefallen. Aber Edwin hielt sie fest. Mit seinen Händen. Groß und stark. Wie Schaufeln, fand Ria.

Den See hatten sie nicht einmal zur Hälfte umrundet, da waren sie schon eine Stunde gelaufen. Mit jedem Schritt waren Edwin und Ria langsamer geworden, so als wollten sie den Spaziergang hinauszögern, als wollten sie verhindern, dass er endete. Mit jedem Schritt war der Abstand zwischen ihnen weniger geworden, von weitem hätte man meinen können, sie seien ein Paar, das an einem der letzten Sommertage spazieren geht. Manchmal berührten sich ihre Hände. Wie durch Zufall.

Mit jedem Schritt war auch ihr Gespräch lebendiger geworden. Nachdem einmal die Stille durchbrochen war, fiel es Edwin nicht mehr schwer, er plapperte und plapperte. Redete über Wilhelm, den Verrückten, über alte Bekannte, an die Ria sich noch aus ihrer Kindheit in Katzhütte erinnerte. Ria erzählte von dem Bach, gleich hinter Edwins Elternhaus, in den sie als kleines Mädchen einmal gefallen und fast ertrunken war. Edwin von seinen abenteuerlichen Nachtwanderungen im Thüringer Wald, bei denen er sich als kleiner Junge immer verlaufen hatte. Sie redeten über dieses und jenes. Stundenlang. So lange, bis sie nicht mehr wussten, was sie sagen sollten. Bis es nichts mehr zu sagen gab. Am Südufer, dort, wo das Laub dichter war und die Bäume enger zusammenstanden, küssten sich Ria und Edwin zum ersten Mal.

2

65 Jahre später. An einem Nachmittag im September.

Als Edwin klarwird, dass es keinen Ausweg mehr gibt, trinkt er sich Mut an. Zwei Gläser Wein. Oder waren es drei? Edwin wankt, als er aus seinem Fernsehsessel aufsteht und durch die Wohnstube in den Flur geht. Ein paar Minuten verharrt er unschlüssig vor der kleinen Kommode, auf der das Telefon steht.

Tue ich auch wirklich das Richtige?, fragt er sich und blickt zum Schlafzimmer am Ende des Flures. Hinter der Tür schläft sie. Die Frau, mit der er die schönsten Jahre seines Lebens verbracht hat. Ria. Sein Mädchen. Edwin weiß, wenn er jetzt das Telefon in die Hand nimmt, wird sich ihr Leben für immer verändern. Seines und ihres.

Er greift zum Hörer.

Es ist halb neun am Abend, als mein Handy klingelt. Ich sitze gerade in der S-Bahn in Berlin, bin auf dem Weg nach Hause.

»Nadine, hier ist Opa.«

Als ich seine Stimme höre, werde ich nervös. Er ruft nie so spät an. Es muss etwas passiert sein, denke ich.

Dann sagt er: »Mit Ria, also mit deiner Oma. Ich schaff das nicht mehr.«

Es lärmt um mich herum. Ein Straßenmusikant spielt

Gitarre, neben mir unterhält sich lautstark eine Gruppe Touristen. Edwin spricht leise. »Ich schaff das nicht mehr.« Trotzdem höre ich das Zittern in seiner Stimme. Dieses leichte Vibrieren, wenn man krampfhaft versucht, nicht zu weinen, und spürt, dass man doch weinen wird.

Für einen Moment bin ich wie erstarrt, schweige. Was soll ich auch sagen? Ihm widersprechen? Ihn trösten? Belügen? Ich starre aus dem Fenster der S-Bahn, schaue zu, wie die Häuser an mir vorbeiziehen, die Spree, der Ostbahnhof. Ich sehe nichts.

»Es ist besser so«, sage ich schließlich. Laut, um die Touristen zu übertönen, den Straßenmusiker. »Es ist besser so, Opa. Wir finden ein Heim.«

Doch Edwin antwortet nicht mehr. Er hat bereits aufgelegt.

*

In Hannover, 287 Kilometer entfernt von mir, steht Edwin neben der kleinen Kommode im Flur und weint. Einen Moment verharrt er noch in der Dunkelheit, dann geht er ins Schlafzimmer, schließt die Ziehharmonikatür hinter sich, zieht Hemd und Hose aus und seinen hellblauen, verwaschenen Schlafanzug an. Er wird Ria nicht wecken, sie hat die Schlaftablette schon vor zwei Stunden genommen. Er legt sich neben sie, atmet den vertrauten Duft ein. Aus ihrer Seife und seinem Aftershave. Ein Gemisch aus ihr und ihm. Ich werde sie verlieren, denkt er noch. Dann schläft er ein.

*

Angekommen in meiner Wohnung in Berlin-Kreuzberg mache ich mir eine Flasche Wein auf. Eigentlich wollte ich damit warten, bis meine Freundin Jana da ist. Aber jetzt? Der erste Schluck tut gut. Beruhigt. Es ist besser so, hatte ich ihm am Telefon gesagt. Ist es das?

Während ich den Wein trinke und meine Zunge langsam pelzig wird, frage ich mich, was richtig und falsch ist. Was gut ist. Gut, denke ich, ist es schon lange nicht mehr. Das weiß ich ja. Aber wann zum Teufel hatte es eigentlich aufgehört gut zu sein? Wann fing das alles an?

Ich drehe mir eine Zigarette. Grüble. Suche nach Antworten und finde Erinnerungsfetzen. Ein Besuch bei Oma und Opa. Ich war noch Studentin. Ich hatte Kuchen mitgebracht. Opa war in seinem Schrebergarten. Oma und ich tratschten bei Kaffee und Apfelstreusel. Als ich gehen wollte, steckte Oma mir Geld zu. Mehr als sonst.

»Oma, danke, aber ist das nicht zu viel?«

Sie grinste. »Ich hab es neulich in meinem Bademantel gefunden, ich hatte ganz vergessen, dass ich es da versteckt habe.« Sie versteckte immer ihr Geld. Es war ganz normal. Ich dachte mir nichts dabei. Wir lachten darüber, dass man 500 Euro verstecken und vergessen konnte, und freuten uns wie kleine Kinder über den Fund.

»Aber erzähl es nicht Opa«, sagte sie. »Du weißt ja, Männer müssen nicht alles wissen.«

Ich nickte. Opa sagte ich kein Wort. Warum auch? Oma hatte Geld verlegt. Konnte das nicht jedem passieren? Oder hatte es da schon angefangen?

Es klingelt. Jana kommt. Sie und ich in der kleinen WG-Küche. Der Rotwein schmeckt. Das zweite Glas. Ich bin wortkarg. Jana kennt mich.

»Geht es dir gut?«, fragt sie vorsichtig.

»Meine Großeltern werden sich trennen«, sage ich. Schweigen. Mehr Wein.

»Warum?«

»Meine Oma ist dement.« Ich schlucke schwer. Nicht vom Wein, es sind meine Worte.

»Seit wann ist sie schon krank?«, fragt Jana. Ich denke an das Geld, das Oma nicht mehr finden konnte. An Nachmittage, an denen ich bei ihr war und sie Namen verwechselte. An all die hundert Kleinigkeiten, die ich nicht gesehen habe. Nicht sehen wollte?

»Ich weiß es nicht«, sage ich.

*

Edwin hat den Vormittag in seinem Sessel verbracht. Er fühlt sich müde, fast angenehm schläfrig. Die Valium, die er heute Morgen geschluckt hat, tut ihren Dienst. Seit er vor Jahrzehnten einen Herzinfarkt erlitten hat, bekommt er die Tabletten nach Bedarf. Seit Monaten hat er keine mehr genommen. Wenn, dann höchstens eine halbe. Aber heute, hat er sich gesagt, heute braucht er sie. Er hat gleich eine ganze geschluckt.

Zwei Wochen ist es her, seit Edwin seinen Entschluss gefasst hat. Seit er seine Enkelin angerufen hat, an jenem verhängnisvollen Tag. Jetzt hört er, wie Rias Sohn Horst gemeinsam mit seiner Frau Kartons packt. Für Rias Umzug. Ins Pflegeheim. Nur kurz hat er Horst und seine Frau begrüßt. Ihnen kühl die Hand gegeben – »Ria ist in der Küche« –, bevor er sich wieder hinter seiner Zeitung verschanzt hat. Jetzt ignoriert er sie. Edwin will nicht sehen, wie sie in den Schränken wühlen, und erst recht nicht, wie Rias Sachen eingepackt werden. Überhaupt, der Auszug, das alles, das geht ihm viel zu schnell. Edwin ist noch nicht so weit. Er erträgt es nicht, dass Ria geht. Er erträgt es nicht mit ihr.

Am Morgen war die Pflegerin noch einmal gekommen. Ria waschen, Ria anziehen. »Heute letzter Einsatz«, steht im Pflegeprotokoll. »Frau Ahr kann Gesamtsituation nicht wirklich erfassen. Sie spricht vom Umzug ins Heim und davon, bis Ende des Jahres in der Wohnung zu bleiben.« Die Pflegerin blieb eine halbe Stunde. Dann Kaffee alleine mit Ria in der Küche. Ein Lächeln. Ihr Lächeln. Fünf Minuten Glück. Trotz allem.

»Sind sie jetzt eigentlich weg?«, hat sie ihn gefragt.

»Wer? Die Pflegerin?«

»Deine Weiber.«

Edwin schloss für einen Moment die Augen. Er kannte das hier. Nur zu gut. Hör auf!, dachte er. Bitte.

»Ria, welche Frauen? Hier sind nur du und ich.« Edwin lächelte, griff sanft nach ihrer Hand. Breit und knubbelig. Von Rheuma und Arthrose. »Du und ich. Wie immer.«

»Du Lügner! Ich hab sie doch gesehen, deine Weiber! Hab doch gesehen, wie sie auf deinem Schoß saßen! Meinst du, ich sehe das nicht, wie sie …?«

Edwin hörte nicht mehr, was Ria sagte, was sie zeterte. Er war aufgestanden und gegangen. Hatte sich mit Kaffee und Zeitung in seinen Sessel zurückgezogen. Wie immer. Seitdem saß er hier. Er hörte, wie Rias Sohn – er hat einen eigenen Schlüssel – die Wohnung betrat. Edwin öffnete die Augen, begrüßte ihn kurz, schloss sie wieder. Er hörte, wie sie die Schränke auf- und zumachten, Koffer packten.

Irgendwann muss er eingedöst sein, die Valium wirkte.

»Edwin, wir sind jetzt so weit. Willst du dich noch verabschieden?«

Horsts Stimme klingt weit weg.

»Nein«, sagt Edwin. Die Augen lässt er zu. Verschließt sie vor dem, was er nicht sehen will. Nicht sehen kann. Die Augen geschlossen, die Beine hoch, liegt er da. Fast entspannt sieht er aus. Nur seine Hände verraten ihn, krallen sich in die Armlehnen, suchen Halt. Einen Moment bleibt Horst noch unschlüssig im Türrahmen stehen, gibt Edwin

Zeit, es sich anders zu überlegen. Edwin schweigt. Horst seufzt. »Na gut«, sagt er schließlich, dann macht er auf dem Absatz kehrt, holt den ersten Koffer aus dem Schlafzimmer. Nach und nach tragen sie die Koffer nach draußen, die Kisten. Edwin hört, wie sie den Rollstuhl an seinem Zimmer vorbeischieben. Stumm. Ohne anzuhalten. Als sie fast an der Tür vorbei sind, öffnet Edwin die Augen, blickt zur Tür. »Ria …«, sagt er. Einen Moment lang will er aufspringen, sie aufhalten. Er will ihr sagen, dass er sie liebt und dass er das nicht gewollt hat. Aber Edwin findet keine Worte, er macht es doch nicht. Und die Augen wieder zu.

Als die Tür ins Schloss fällt, weint er. Nicht leise, Edwin schluchzt. Apathisch sitzt er da. Dann weint er wieder. Ein Hin und Her, stundenlang, so lange, bis es draußen dämmert und er einschläft. Edwin wird im Sessel schlafen. Die ganze Nacht. Das Schlafzimmer, den Flur entlang, elf Schritte von Edwins Sessel entfernt, wird leer bleiben. Edwin wird sich nicht in ein Bett ohne sie legen. Ihr Bett, ihr gemeinsames, das noch nach ihr und ihm duftet. Er kann es nicht.

3

Berlin-Ostbahnhof, im Zug nach Hannover. Vor einer Woche haben sie Ria abgeholt, mein Vater und seine Frau. Seit einer Woche wohnt sie in einem Pflegeheim in Hannover-Laatzen. Ich erfuhr es am Telefon. Im Nachhinein. Gestern erst. »Warum habt ihr mir nicht vorher Bescheid gesagt?«, habe ich gefragt.

»Es ist ganz plötzlich ein Platz frei geworden im Pflegeheim«, sagte mein Vater. »Und außerdem, du bist doch in Berlin.«

Seit drei Jahren wohne ich in Berlin. Mit jedem Jahr sind meine Fahrten nach Hause weniger geworden. Zuerst alle zwei Wochen. Dann einmal im Monat. Zum Schluss nicht mal das. Und wenn ich daheim war, war immer alles andere wichtiger. Die Großeltern besuchen? Nur wenn es gerade passt. Wenn Freunde und Eltern abgehakt sind.

Als der Zug in Berlin-Spandau hält, hadere ich mit meinem Gewissen. Fühle mich schlecht, weil ich Oma und Opa nicht öfter besucht habe. Weil mein Leben, meine Probleme, immer wichtiger waren als ihre. »Seit wann ist sie krank?«, hatte Jana mich gefragt. Und noch immer weiß ich keine Antwort darauf. Aber ich weiß, dass es schlimm war. Schon lange. Ich weiß, dass Großmutter Tiere in der Wohnung gesehen hat. Katzen meistens. Manchmal Mäuse. Ich weiß, dass sie glaubte, die Dachdecker von gegenüber würden auch nachts arbeiten. Sie hätte sie schließlich selbst gesehen. Ich weiß, dass sie nach einem Sturz behauptete, man hätte sie ausgeraubt. Türkische Jugendliche, die vorher auf der Straße vor ihrem Wohnzimmerfenster getrunken hätten. Ich weiß, dass nichts davon wahr ist. Gar nichts.

»In Kürze erreichen wir Wolfsburg. Wir verabschieden uns von allen Fahrgästen, die in Wolfsburg aussteigen, und danken für die Reise mit der Deutschen Bahn.«

Warum habe ich nichts getan? Warum habe ich bei all dem nur zugesehen? Monat für Monat. Besuch für Besuch. Bis auf einmal. Vor ein paar Wochen.

Es war im Spätsommer, an einem Tag, an dem es schon schlecht um Großmutter stand. Ich saß mit Oma Ria am Tisch und schenkte Kaffee ein. Opa war beim Bäcker, Kuchen holen. Als er ging, war ihm die stille Freude anzusehen, mal vor die Tür zu kommen. In den vergangenen Monaten war Ria immer gebrechlicher geworden, die Halluzinationen hatten zugenommen. Für Opa Edwin war die Wohnung zu einem Gefängnis geworden. Blass war er geworden. Dünn. Fünf Kilo hat er abgenommen in sechs Monaten.

Ich plauderte mit meiner Großmutter über das Wetter. Belanglose Dinge, die sie nicht überforderten. Zunächst schien alles gut. Alles war normal, alles war schön. Ich werde nie vergessen, wie sich auf einmal ihr Gesicht veränderte. Wie ihr Blick starr wurde, ihre Mundwinkel sich nach unten zogen.

»Ich hab Angst vor ihm«, flüsterte sie.

Zuerst verstand ich nicht, was sie meinte. Von wem sie redete.

»Vor wem?«, fragte ich.

Oma antwortete nicht. Schaute mich nur an. Mit diesem Blick. Starr. Voller Angst. Ich wollte nicht fragen. Dann tat ich es doch.

»Vor Opa?«

»Das ist ein ganz schlimmer Mann.«

Ich wollte widersprechen, sagen, dass Opa doch ihre große Liebe ist, immer war, dass sie sich nicht, niemals, vor ihm fürchten müsse. Irgendetwas in der Art. Doch dann fiel mein Blick zur Tür, dort stand Edwin, den Kuchen in der Hand. Er presste die Lippen zusammen, zog die Schultern hoch. Hilflos, verkrampft. Mein Opa. Der zusah, wie meine Oma, die Frau, die er liebt, sich vor ihm fürchtete.

Ein paar Stunden später, als meine Großmutter schlief, saß ich mit Großvater in der Küche. Ich auf dem kleinen Hocker, den Rücken an die hohe Heizung gelehnt. Opa am Tisch neben dem Vorratsraum. Wie früher. Als ich klein war. Wir haben oft hier gesessen: Opa auf seinem Platz neben der Tür zur Speisekammer, ich an der Heizung, während Oma am Herd herumwerkelte. Ich habe ihren Gesprächen gelauscht und darauf gewartet, dass Großmutter meine Nudeln mit Tomatensoße, Hackbällchen und brauner Butter fertigkochte. Jede Woche war ich bei meinen Großeltern, manchmal täglich, auch über Nacht. Ich bin ein Scheidungskind. Zwei Jahre war ich alt, als mein Vater meine Mutter und mich wegen einer anderen Frau verließ. Es waren meine Großeltern, die Zeit für mich hatten, wenn meine Mutter nicht bei mir sein konnte, weil sie arbeiten musste. Bei ihnen fand ich das, was ich ansonsten schmerzlich vermisste. Eine heile Welt, von der ich glaubte, dass es sie immer geben würde. Nestwärme.

Ja, dachte ich, es war immer wohlig warm hier, ein Ort voller Zuneigung. Die Wärme zweier Menschen, die sich lieben. Heute ist nur noch die Heizung warm. Selbst der Herd ist kalt, das Essen wird geliefert. Und meine Großmutter ist nicht mehr die umsorgende Oma, die für mich kocht und mir jeden Wunsch von den Augen abliest. Ich bin nicht mehr das Kind, um das sich Oma und Opa kümmern. Ich bin erwachsen. Die Rollen haben sich gedreht. Ich bin es, die sich kümmern muss.

Ich stand auf, holte Gläser aus dem Schrank, schenkte Wein ein. Wir tranken stumm. Schwiegen ein paar Minuten. In meinem Kopf raste es. Fast hatte ich Angst, in der Stille seien meine Gedanken zu hören: Darf ich es denken? Darf ich es sagen? Darf ich mich einmischen? Du bist nicht mehr das Kind, das auf seine Hackbällchen wartet, sagte ich mir stumm. Ich hatte keine Wahl. Ich musste. Ich atmete tief ein, bevor ich sagte: »Das geht so nicht mehr. Sie muss in ein Heim.«

Edwin nippte an seinem Weißwein. Müller-Thurgau, seit dreißig Jahren dieselbe Sorte. »Ich kann sie nicht verlassen«, sagte er und schüttelte den Kopf.

»Aber Opa …«

»Nein.« Seine Stimme klang barsch, sein Blick war entschlossen. Er ließ keine Lücke für Widerspruch. »Ich habe es ihr versprochen«, sagte er, trank, lachte. Es klang unecht. »Bis zum bittersüßen Ende.«

*

Hauptbahnhof Hannover. Gewusel. Ich hetze durch die Menge, Treppe runter, geradeaus, dann die Rolltreppe hoch zur Linie 1, Richtung Laatzen. Während ich in der Straßenbahn sitze, denke ich an den Abend mit Opa. An die Entschlossenheit in seiner Stimme. An den unbedingten Willen durchzuhalten. Egal, was es kostet. »Ich habe es ihr versprochen. Bis zum bittersüßen Ende.« Wie schlimm muss es seitdem geworden sein, dass Edwin seine Meinung änderte?

Reichhelmstraße 1. Die Klingel unten rechts. Ahr Schrägstrich Ludwig. Dreimal drücke ich auf die Klingel. Unser Zeichen. Damit er weiß, dass ich es bin. Es dauert ewig, bis der Summer ertönt. Nicht gut, denke ich. Als ich die wenigen Stufen zur Wohnung hochlaufe, steht Edwin bereits in der Tür. Ein Schatten seiner selbst. Er trägt einen fleckigen Adidas-Trainingsanzug, sein Haar ist zerzaust. Ich kenne meinen Opa nur in Pullover, Hemd und Krawatte. Alles farblich aufeinander abgestimmt. Als ich ihn umarme, rieche ich Alkohol.

»Wie geht es dir?«, frage ich und denke mir gleich, wie dumm und sinnlos meine Frage ist. Was soll er schon sagen? Opa tut das einzig Logische: Er schüttelt mit dem Kopf.

»Ich mach uns erst einmal einen Kaffee«, rufe ich, während ich mich an ihm vorbeidrücke, den dunklen Flur zur Küche entlanglaufe. Ich bin auf das Schlimmste gefasst, doch die Realität ist härter. Es sieht aus wie auf einem Schlachtfeld. In der Spüle stapelt sich dreckiges Geschirr. Das Brot auf der Anrichte ist schimmelig. Als ich Milch in den Kaffee geben will, merke ich, dass sie sauer ist. Ich bringe Opa den Kaffee ohne Milch, stelle das Geschirr in die Maschine, entsorge die fauligen Essensreste.

Als ich fertig bin, lasse ich meinen Blick noch einmal durch die Küche schweifen. Über den Herd, die saubere Spüle, den Küchentisch, den Kühlschrank. Halt! Zurück. Dort auf dem Küchentisch, unter den Illustrierten. Ich gehe zum Tisch, schiebe die *Frau im Spiegel* beiseite. Da liegen sie. Schwarz auf weiß. Die Antworten auf meine vielen Fragen. Das Pflegeprotokoll. Zögerlich, dann immer schneller beginne ich zu lesen.

21. 4. 2010, 7.50 Uhr

Frau Ahr ist freundlich und erzählfreudig. Gleichzeitig nehme ich Demenz wahr, indem sie in anderen Zeitfenstern erzählt. Lenke sie ab mit Tagesgeschehen, frage nach dem Frühstück. Dies macht ihr Lebensgefährte Herr Ludwig, sagt sie.

2.5.2010, 19.00 Uhr

Frau Ahr ist heute im Laufe des Tages gestürzt. Sie hat am rechten Auge ein Hämatom.

20.5.2010, 8.00 Uhr

Frau Ahr hat Halluzinationen. Sie berichtet, dass abends schwarzgekleidete Frauen kommen, die zu Herrn Ludwig wollen. Sie ist sehr niedergeschlagen darüber.

21.5.2010, 8.45 Uhr

Herrn Ludwig belasten die gestrigen Halluzinationen von Frau Ahr. Pflege wie gewohnt.

4.6.2010, 8.30 Uhr

Frau Ahr habe ich heute nur unter äußerster Mühe aus dem Bett zum Laufen gebracht, da die Motorik ganz schlecht war. Nach der Pflege sitzend von dem Toilettenstuhl in den Sessel gebracht.

5.6.2010, 8.30 Uhr

Herr Ludwig fühlt sich mit der Situation überfordert, bräuchte mehr Unterstützung.

14.7.2010, 9.00 Uhr

Pflege nach Plan. Frau Ahr gewaschen, angezogen. Herr Ludwig macht Frühstück.

24.7.2010, 18.15 Uhr

Frau Ahr beschwert sich über Schmerzen in den Beinen, ist sehr verwirrt und hat Wortfindungsstörungen.

4.8.2010, 18.20 Uhr

Frau Ahr ist heute sehr verwirrt. Redet über Tiere und über Herrn Ludwig, vor dem sie sich fürchtet.

5.9.2010, 18.30 Uhr

Frau Ahr ist schwindelig. Den ganzen Tag im Bett geblieben. Halluziniert. Alles wie immer.

7.9.2010, 9.00 Uhr

Frau Ahr und Herr Ludwig hatten eine schlechte Nacht. Herr Ludwig ist mit der Situation überfordert, will sich von Frau Ahr trennen. Frau Ahr kann Gesamtsituation nicht richtig einschätzen, hat oft Halluzinationen.

Die letzten Zeilen verschwimmen vor meinen Augen. Erst jetzt begreife ich langsam, was es bedeutet haben muss, mit meiner Großmutter zu leben. Rund um die Uhr an ihrer Seite zu sein. Ihr Fremdsein auszuhalten. Ihre Ängste. Immer schlimmer war es geworden.

»Nadine?«

Ich fühle mich ertappt, als hätte ich etwas Verbotenes gelesen. Schnell schiebe ich das Protokoll wieder unter die Illustrierten. Mit dem Ärmel meines Pullovers wische ich mir halbherzig über die Augen. Mist, die Wimperntusche.

»Ich komme gleich, ich muss nur kurz ins Bad.«

Das kalte Wasser tut gut. Als ich nach dem Handtuch an dem Max-und-Moritz-Harken greife, sehe ich, dass die Zahnpastatube offen ist. Edwin hat vergessen, sie zuzudrehen. Ich beiße mir auf die Lippe. Es war meine Oma, die ihm jeden Morgen und jeden Abend die Zahnpasta auf die Zahnbürste drückte. 39 Jahre lang. Bis zuletzt. Jetzt ist Ria nicht mehr da, und die Zahnpasta ist eingetrocknet.

»Nadine?«

»Ich komme.«

Bei lauwarmem Kaffee ohne Milch sitzen wir in der Stube. Edwin fragt mich nach der Arbeit, nach meinem Freund, meinen Eltern, deren Hund. Eine halbe Stunde reden wir so. Immer darauf bedacht, bloß nicht über sie zu reden. Dabei würde ich so gerne wissen, wie es ihm wirklich geht. Ich würde ihm gerne sagen, dass ich nun verstehen kann, ein wenig zumindest. Aber ich traue mich nicht. Und während ich so dasitze und über nichts rede, sagt er:

»Ich hätte sie nie verlassen.«

»Ich weiß, Opa.«

»Aber sie hat mich gehasst: Früh um fünf hat sie mich geweckt. Nur um zu fragen, ob meine Weiber schon weg sind.«

»Ich weiß, Opa.«

»Zwölf Stunden am Tag habe ich neben ihr gesessen und ihre Hand gehalten. Ich bin nicht einmal rausgekommen.«

»Ich weiß, Opa.«

»Ich bin auch nur ein Mensch.«

»Ich weiß.«

»Sie fehlt mir.« Edwin weint. Noch nie habe ich meinen Opa weinen sehen. Selbst damals, als sein Sohn vor ein paar Jahren an einem Herzinfarkt starb und wir gemeinsam auf der Beerdigung waren, hat er nicht geweint. Mein Opa doch nicht.

»Wir können sie besuchen …«, sage ich ein wenig hilflos. »Das ist doch nicht das Ende.«

»Ich kann sie nicht wiedersehen!«

»Warum?«

»Ach Nadine …«

Für einen Moment ist es still. Dann explodiert er. »Mensch, scheiße, ich mach's nicht mehr lange mit!« Edwin tobt. Aus seiner Nase läuft der Rotz. Auf seiner Stirn pulsiert eine Ader. Es ist, als würde sich alle Angst, aller

Schmerz, alle Trauer, alle Wut auf einmal entladen. Wut auf Rias Krankheit, weil er sie nicht greifen, nicht verstehen kann. Wut auf seine Schwäche, die ihn davon abgehalten hat, bei ihr zu bleiben. Noch einmal wirft er seine Arme in die Luft, wie ein Dirigent, der zum letzten Crescendo ausholt. Dann sackt er in sich zusammen. Mit weinerlicher Stimme fragt er: »Was wird jetzt aus mir? Was soll jetzt aus mir werden?«

Und dann: »Irgendwann häng ich hier, wenn du kommst!«

»Opa!«, schreie ich. Er macht mir Angst.

»Ach Opa, Opa ...«, winkt er ab.

Er kommt wieder in Fahrt, gestikuliert wild, dann haut er mit der flachen Hand auf den Marmortisch. Die Haare wirr, die Brille schief, die Augen rot vom Weinen schaut er mich an.

»Es rettet uns kein höheres Wesen, kein Gott, kein Kaiser, kein Tribun. Uns aus unserem Elend zu erlösen können wir nur selber tun.«

»Was ist das?«, frage ich. Still und heimlich stelle ich mir die Frage, ob nun auch Edwin den Verstand verloren hat.

»Die Internationale.«

Ich lache. Unfreiwillig. Ich kann nicht anders. Da sitzt er nun hier, mein Opa, mit 89 Jahren und zitiert die Internationale. Der alte Sozialist. Wir schauen uns an. Für einen Moment schmunzeln wir beide.

»Ich bin müde«, sagt Edwin unvermittelt.

»Schlaf ruhig«, sage ich. »Ich bin hier.«

Erschöpft liegt mein Großvater in seinem Sessel. Die Augen halb geschlossen, dämmert er vor sich hin. Manchmal seufzt er. Irgendwann schläft er ein. Ich lausche seinem leisen Schnarchen, dem Ticken der Uhr. Wie mag das sein, frage ich mich, plötzlich allein nach 39 Jahren? Ich bin 29, mein Opa ist 89. Für mich bedeutet eine Trennung nicht das Ende, nach einiger Zeit wird daraus der Anfang von etwas Neuem. Mein Großvater will nichts Neues mehr. Er vermisst das Alte, das Vertraute.

Ich versuche mir vorzustellen, wie es ist. Wie es sich anfühlt. Ich schaffe es nicht.

Das monotone Ticken der Uhr macht auch mich schläfrig. Ich schließe die Augen. Döse. Dann höre ich leise seine Stimme: »Gestern Nacht bin ich aufgewacht und hab zu ihr rübergegriffen. Da ist mir erst wieder eingefallen, dass sie gar nicht mehr da ist.«

4

Edwin fror. Die Wolldecke war kratzig und kurz. Edwin zog und zuppelte. Doch es half alles nichts. Er musste sich entscheiden. Kalte Füße oder kalte Brust. Edwin zog die Decke höher. Kalte Füße.

Seit sieben Monaten schlief er nun hier, in der Küche seines Onkels. In der Wohnung in der Helenenstraße 4 in Hannover. Im ersten Stock, gleich links. Auf dem kleinen Sofa, direkt neben dem Ofen, der nie warm genug wurde. Gegenüber von den Fenstern, durch die es immer zog.

Der Winter 1945, der erste nach dem Krieg, war hart. Von Toten war die Rede. Wieder einmal. Von Menschen, die in ihren Wohnungen erfroren sind. Von alten Frauen und Männern, die in ihren Betten starben. Die verhungerten, weil ihnen die Kraft fehlte, um sich etwas zu essen zu besorgen.

Edwin hatte Glück gehabt. Wie immer. Natürlich, auch bei ihnen war das Heizmaterial rar, das Essen auch. Aber tagelang hungern mussten sie nie. Und Edwin störte es nicht, wenn er zum siebten Mal die Woche Steckrübensuppe aß oder wenn es zwar Bezugsscheine, aber keine Kohle mehr gab. Er hatte schon Schlimmeres erlebt. Außerdem: Er war verliebt. Was konnten Hunger und Kälte einem da anhaben?

Edwin schob die Decke wieder nach unten, die Füße

wurden nun doch zu kalt, als er ihre Schritte hörte. Sie hatte es also wieder einmal geschafft. Wortlos hob er die viel zu kleine Decke an, wortlos schlüpfte Ria darunter. Schmiegte ihren warmen Körper an ihn. »Mädchen, du bist ja heiß wie eine Pellkartoffel«, sagte Edwin. Ria kicherte.

Seit jenem Tag im Spätsommer, als sie sich am Südufer des Maschsees zum ersten Mal geküsst hatten, schlich sie nachts heimlich zu ihm. Vorbei am Bett der Schwester, auf Zehenspitzen durch das Elternschlafzimmer. Mit Vorsicht die Küchentür öffnen, nicht zu schnell und nicht zu langsam, denn dann knarrte sie.

Einmal hatte Else, Rias Mutter, seine Tante, sie fast erwischt. Ria war bereits am Bett der Eltern vorbeigeschlichen, fast hatte sie die Tür zur Küche, zu Edwin, schon erreicht, als sie die Stimme ihrer Mutter hörte: »Ria, bist du es?« Else hatte schon immer einen leichten Schlaf gehabt, Kriegsjahre und Bombenangriffe hatten das nur noch verstärkt. Else hatte die Nachttischlampe angeknipst und beim Anblick der ertappten Tochter sofort losgezetert. »Erwin«, hatte sie gerufen und ihren Gatten unwirsch an der Schulter gepackt. »Erwin, die Ria und der Edwin. Tu doch was!« Erwin hatte sich nur murrend und knurrend umgedreht.

»Ria, wo willst du hin?«

»Ich wollte mir nur ein Glas Wasser holen«, sagte Ria. Und Erwin, arglos und müde, hatte ihr geglaubt. Ihr glauben wollen.

»Siehst du, Else«, hatte er gesagt, »sie will sich nur ein Glas Wasser holen. Schlaf weiter.«

Else glaubte ihrer Tochter kein Wort. Schon lange ahnte sie, dass sich zwischen den beiden jungen Leuten mehr abspielte. Sie sah die Blicke, die Edwin und Ria sich zuwarfen. Ihr konnte man nichts vormachen. Sie war schließlich eine Mutter. Und weil Mütter immer alles wissen, wusste Else es. »Wenn er dich bloß nicht unglücklich macht«, sagte

Else ein paar Tage später zu Ria. »Wenn er dich bloß nicht schwängert, bevor er dich heiratet.« Schon einmal war ihre jüngste Tochter schwanger gewesen. Schon einmal hatte ein junger Mann sie ins Unglück gestürzt. Sicher, er hatte es gut gemeint mit ihrer Marie. Hatte beim Vater um ihre Hand angehalten. Ein junger Soldat namens Erich, auf Heimaturlaub. Zwei Monate später hatten sie die Nachricht erhalten. Im Kampf gefallen. Keine zwanzig Jahre alt war sie da, ihre Ria. Zu jung für ein Kind ohne Mann. Nein, es war ein Glück, dass sie das Kind »verlor«, sie war ja auch erst im vierten Monat. Ein zweites Mal, sagte die Frau, während sie sich die Seifenlauge von den Händen wusch, würde sie nicht so viel Glück haben.

Edwin drückte Ria an sich. Er wusste, dass es nicht mehr lange so weitergehen konnte. Irgendwann würde Else sie erwischen. Oder Erwin? Gott bewahre, was passierte, wenn Erwin mitkriegte, dass seine Tochter unter seinem Dach …! Mit ihm …! Ohne Trauschein …!

Edwin schob den Gedanken beiseite und schmiegte sich noch enger an sie. Sein Mädchen. So nannte er sie. Und das war sie auch. Sein Mädchen. Seine Ria. Jeden Abend, wenn Edwin aus der Eisengießerei nach Hause kam, wartete sie auf ihn. Jedes Wochenende verbrachten sie miteinander. Sie gingen zum Tanz. Ria konnte herrlich tanzen. Sie war nicht eine von den Frauen, die den Takt angaben. So wie die meisten Städterinnen. Ria ließ sich führen. Und Edwin drehte sie, so lange, bis ihr Rock in die Luft flog.

Sie gingen ins Kino. Von seinem Lohn führte er sie aus. Nur ein paar Straßen weiter, in den Europapalast. Ganz hinten, auf dem zweiten Rang, hatten sie gesessen und amerikanische Filme geschaut. Nicht alle waren synchronisiert. »Edwin«, hatte Ria gesagt, als der Film anlief. »Der ist ja auf Englisch. Ich kann kein Englisch.«

»Ach Mädchen, ich doch auch nicht.« Als das Licht ausging, nahm er ihre Hand.

Sie gingen spazieren. Jeden Sonntag. Zum Maschsee. Wie an ihrem ersten Tag. Selbst im Regen waren sie schon losgelaufen, hatten sich dicht unter Bäume gedrängt, die doch keinen Schutz mehr boten. Die Blätter waren längst gefallen. Die Äste kahl.

Edwin war glücklich. Heimlich. Eigentlich. Und doch nie so ganz. Denn da gab es etwas, das ihn quälte. Ein ungutes Gefühl ganz tief unten im Bauch. Ein Ziehen und Stechen, das manchmal, wenn er gar nicht damit rechnete, plötzlich über ihn kam. Ein schlechtes Gewissen. Seit jenem Tag im Herbst am Maschsee hatte es sich eingeschlichen. Edwin hatte Ria nicht die Wahrheit gesagt. Stattdessen hatte er ihr von seiner Kindheit erzählt, von seiner Jugend. Er hatte von seinem Vater Arno, dem Kommunisten, gesprochen und von seinem Cousin Horst. Über Wilhelm, den Verrückten, der immer Selbstgespräche führt, über seinen Freund Fritz. Von ihnen allen hatte Edwin ihr erzählt. Nur von ihr hatte er nichts erzählt. Über sie hatte er geschwiegen. Sie war sein Geheimnis. Sein schlechtes Gewissen. Sein Ziehen und Stechen. Irmgard.

Jede Nacht, wenn Ria zu ihm kam, nahm Edwin sich vor, ihr endlich die Wahrheit zu sagen, ganz fest, und schwieg doch, weil schweigen so viel einfacher war als reden. Und weil er Angst hatte, dass Ria ihn verließ, wenn sie es wüsste.

»Edwin, ist etwas?«, fragte sie manchmal, wenn er in seinen Gedanken einmal wieder weit weg war. Wenn er sie, wie neulich auf dem Spaziergang, wie aus dem Nichts anraunzte.

»Nein«, sagte er dann. »Was soll sein?«

»Ach Edwin, mit der Zeit wird es besser werden, du wirst sehen.« Ach Ria. Sie glaubte, es wären Kriegserlebnisse, die ihn plagten.

Edwin seufzte, spürte Rias Haut an seiner. Nein, es ging nicht anders. Er musste es ihr sagen. Nicht morgen. Nicht übermorgen. Jetzt.

»Ria«, flüsterte er und hielt sie gleich ein bisschen fester.

»Ja?«

»Wegen uns beiden. Ich muss dir etwas sagen.«

Und dann fing Edwin an zu erzählen.

Es war in der Tanzschule gewesen, er war 17 Jahre alt. In dem großen Tanzsaal, direkt neben der Gaststätte, hatte er gestanden. In seinem besten Hemd. Nicht weit von hier war der Bolzplatz, auf dem er mit seinen Jungs, mit Karl, Fritz und Hans, immer Fußball spielte. Und wenn Edwin die Wahl gehabt hätte, er hätte auch jetzt lieber Fußball gespielt. Doch er hatte keine.

»Du gehst zum Tanzunterricht«, hatte sein Vater gesagt. »Das gehört nun einmal dazu.« Und mit einem Augenzwinkern hatte er hinzugefügt. »Wirst sehen, mein Junge, es wird dir gefallen.«

Es gefiel Edwin gar nicht. Lächerlich sah er aus in diesen Schuhen, ständig trat er den Mädchen damit auf die Füße.

»So«, sagte die Tanzlehrerin und klatschte in die Hände. »Und jetzt, meine Herren, ist Damenwahl.« Bitte nicht, dachte Edwin noch, da stand sie schon vor ihm. Ein großes, dünnes Mädchen, dunkle Haare, blaue Augen. Edwin kannte sie. Es war Irmgard, die Tochter von Gertraud und Rudolf. Ladenbesitzer. Angesehene Leute im Dorf. »Darf ich bitten?«, fragte Irmgard. Sie durfte.

Zwei Jahre gingen sie miteinander. Irmgard und Edwin. Das ganze Dorf, selbst seine Eltern wussten davon. »Eine gute Partie«, hatte die Mutter gesagt. »Ein heißer Feger«, sagte der Vater.

Dann kam der Winter 1940, der erste Schnee und mit ihm Edwins Einberufungsbefehl. Edwin war 19 Jahre alt, Irmgard 18. Es war eine seiner letzten Nächte im Dorf.

»Irmgard«, hatte er gesagt, »wenn ich aus dem Krieg zurückkomme, heirate ich dich.«

Als Edwin Irmgard den Antrag machte, dachte er nicht ans Heiraten. Er dachte nicht daran, dass er irgendwann mit ihr vor den Altar treten würde, dachte nicht an Kinder, nicht an ein gemeinsames Leben. Edwin dachte an den Krieg und daran, dass er nicht wusste, ob er jemals zurückkommen würde. An die Angst. Den Tod. Als Edwin Irmgard fragte, ob sie seine Frau werden wolle, brauchte er etwas, worauf er sich freuen konnte. Eine Aussicht auf die Zeit nach dem Krieg. Hoffnung. Deshalb hatte Edwin es getan. Deshalb hatte er Irmgard sein Versprechen gegeben.

Edwin hatte gebeichtet. Ria blieb still. Sie rückte nicht von ihm weg. Sie stand nicht auf und ging in ihr Schlafzimmer. Sie schrie ihn nicht an. Ria blieb still. Eine Minute. Zwei Minuten. Drei Minuten.

»Edwin, willst du sie heiraten?«

»Nein.«

»Musst du sie heiraten?«

Er seufzte.

»Ich weiß es nicht. Aber ich muss nach Hause fahren, Ria. Ich muss das klären. Ich muss nach Katzhütte.«

Wieder blieb sie still. Eine Minute. Zwei Minuten. Drei Minuten. Vier Minuten.

»Und wenn ich mit dir fahre?«

5

Edwin liegt noch im Bett, als das Telefon klingelt. Seit Ria nicht mehr da ist, steht er nicht vor elf Uhr auf. Er legt die Zeitung beiseite, die er sich schon immer frühmorgens kurz nach fünf aus dem Briefkasten holt. Seit Ria nicht mehr da ist, hat er keine Nacht mehr durchgeschlafen. Das zweite Klingeln. Edwin zieht die Hausschuhe an, die vor dem Bett stehen. Einen schwarzen und einen braunen. Seit Ria nicht mehr da ist, stimmt nichts mehr, nichts ist mehr richtig. Nichts passt zusammen. Nicht mal mehr seine Schlappen. Das dritte Klingeln.

»Moment«, ruft Edwin, als könne ihn das Telefon hören, als wisse der Anrufer am Ende der Leitung dadurch nun, dass es noch etwas dauert, bis er abnimmt. »Moment, ich komme.« Seine Stimme klingt heiser, wie eine, die nicht viel benutzt wird. Edwin hat nicht viel gesprochen die letzten Tage. Die Nachbarin von gegenüber klingelt einmal täglich, um zu fragen, ob alles in Ordnung ist, ob sie dies oder jenes einkaufen soll. Ansonsten ist Edwin allein. Mit sich und seinen Gedanken. Mit seiner Sehnsucht. Mit seinem schlechten Gewissen. Das vierte Klingeln. Edwin schlappt den Flur entlang. Das fünfte, das sechste Klingeln.

»Ludwig.« Am anderen Ende der Leitung ist es still.

»Hallo?« Er will schon wieder auflegen, da hört er sie.

»Edwin, ich bin es.« Er schnappt nach Luft.

»Ria … Mädchen«, sagt er. Haucht es fast. Es ist so schön, ihre Stimme zu hören.

»Wann kommst du denn?«, fragt Ria.

Edwin will antworten. Er will ihr sagen, dass er sie neulich schon besuchen wollte. Dass er sich zurechtgemacht hatte, das karierte Hemd angezogen, das sie doch so gerne an ihm mochte, sich besonders gründlich rasiert und Irish Moos aufgelegt hatte. In Mantel, mit Stock und Hut hatte er aufs Taxi gewartet. Aber dann, während die Minuten verstrichen, hatte er doch Angst vor dem Wiedersehen bekommen. Angst, dass Ria unglücklich sein könnte. Niedergeschlagen, schwach. Sie war doch immer die Starke in der Beziehung. Selbst dann noch, als sie Schmerzen hatte, die Arthrose unerträglich wurde. Was, wenn sie jetzt gar keine Kraft mehr hatte? Und was, wenn sie ihm Vorwürfe machen würde, weil er sie alleingelassen hat?

Als der Taxifahrer an der Tür klingelte, wusste Edwin, dass er nicht fahren würde. Nicht fahren konnte. Zu groß war die Angst, zu schwer seine Schuld, dass er sein Versprechen nicht hat halten können.

All das will er ihr sagen und auch, wie sehr er sie vermisst. Aber die Stimme, die er seit Tagen kaum noch benutzt, versagt ihm den Dienst. Er bringt es einfach nicht über die Lippen. »Ria … Mädchen«, sagt er noch einmal. Das ist alles, was er schafft. Ein paar Minuten schweigen sie sich an. Heimlich froh, den anderen bei sich zu haben. Wortlos glücklich am Telefon.

Plötzlich ein Rascheln in der Leitung. Eine fremde Stimme.

»Herr Ludwig, hier ist Schwester Sabine. Frau Ahr wollte Sie anrufen.«

»Ach so. Ja.« Edwin sammelt sich, nimmt all seinen Mut

zusammen. »Sagen Sie ihr, dass ich komme«, sagt er. »Bald.« Dann legt er auf.

*

Als ich eintreffe, um ihn abzuholen, sitzt er abfahrbereit im Flur. Die Jacke hat er angezogen, in der einen Hand hält er den Gehstock, in der anderen Fotos, die er ihr mitbringen möchte. Eine Handvoll Erinnerungen: Ria an einer Raststätte, vor dem neuen Auto. Ein türkisfarbener Golf Automatik. Sie posiert links neben der Motorhaube in Pelz und weißen Stiefeln. Opa hat das Bild aus einem Album gerissen, Papierfetzen kleben noch daran. »Sein erster Tag« hat er mit grünem Filzstift auf das Foto geschrieben, direkt auf das Auto. Ein anderes Bild: Ria und Edwin auf einer Bank im Schrebergarten. Sie sitzen in der kleinen Ecke hinten rechts. Unter dem Unterstand, an dem sich der Wein immer so schön hochrankt. Der Garten ist nicht weit von ihrer Wohnung entfernt, direkt an einem See. Das nächste Foto: Ria im See am Garten. In einem Schwimmring, den Edwin ihr gekauft hatte, weil sie nicht schwimmen konnte. Er hielt den Ring immer an einer Leine, damit sie nicht zu weit auf den See hinaustrieb.

»Bin ich zu spät?«, frage ich.

»Nein.«

»Seit wann sitzt du schon hier?«

»Ach, eine Weile.« Fragend schaue ich ihn an.

»Vielleicht eine Stunde.«

Im Auto auf der Fahrt zum Heim schweigt er. Die Musik aus dem Radio stört ihn, er stellt es aus. Immer wieder greift er in seine Altherrenhandtasche, prüft, ob er die Fotos wirklich eingesteckt hat. Der Sicherheitsgurt ist ihm zu eng. Die Sonne blendet.

Rias Pflegeheim. Ein mehrstöckiger Betonklotz inmitten von anderen Betonklötzen. Eine Mischung aus Hochhäusern und Gewerbegebiet. Im vierten Stock sitzt das Arbeitsamt, im ersten das Altersheim. Wir nehmen den Fahrstuhl, klingeln. Die Tür öffnet sich automatisch, als wir eintreten, empfängt uns niemand. Etwas ratlos stehen wir herum. Schließlich frage ich eine in Weiß gekleidete Frau mit einer Windel für Erwachsene in der Hand, in welchem Zimmer meine Großmutter wohnt. Frau Ahr sei im Aufenthaltsraum, sagt die Pflegerin knapp und huscht schnell weiter. Die Windel scheint dringend gebraucht zu werden.

Wir gehen einen dunklen Flur entlang, in die Richtung, die uns die Pflegerin gewiesen hat. An den Wänden hängen gepuzzelte Landschaften, 1000 Teile. Wer so etwas puzzelt, hat mehr Zeit, als ihm lieb ist. Dazwischen Tierposter von Katzen und Hunden. Im Aufenthaltsraum steht ein großer Tisch, drum herum parken Rollstühle. Das Radio dudelt, ein Papagei in seinem Käfig krächzt, niemand spricht ein Wort.

Ich entdecke meine Großmutter zuerst: Zusammengesunken in einem Rollstuhl, den Blick ins Leere gerichtet, sitzt sie am Kopfende des Tisches. Sie trägt einen fliederfarbenen Pullover, unter dem sich ihre Schulterknochen abzeichnen. Wie gebrechlich sie wirkt, denke ich. War sie vor zwei Wochen auch schon so dürr? Oder verzerren die Skrupel, mein schlechtes Gewissen den Blick? Früher war ihr Gesicht füllig, jetzt ist es kantig. Schlupflider verdecken ihre Wimpern. Ihre Hände, zum Nichtstun in den Schoß gelegt, zittern. Ich schaue hoch zu Opa. Auch er hat sie in der Menge der parkenden Rollstühle ausgemacht. Auch aus seinem Gesicht lese ich dieselben Fragen heraus.

Als Großmutter uns erblickt, leuchten ihre Augen auf. »Oh, wie schön«, sagt sie, lächelt. Schnellen Schrittes bahne ich mir den Weg durch die Rollstühle, laufe zu ihr, umarme sie. Sie drückt mich fest. »Oma.« Einen Moment sind wir ganz bei uns, halten uns, lassen uns los, lächeln uns an. Sie hat auf uns gewartet, jeden Tag. Sie hat an uns gedacht. Ria sagt es nicht, ihre Freude, die Art, wie sie mich umarmt hat, sagen es mir.

Dann geht ihr Blick an mir vorbei zu Edwin, der ein wenig abseits hinter mir steht. Langsam, unsicher läuft Edwin auf sie zu. Als er vor ihr steht, schaut er verlegen zu ihr hinunter. Ein wenig unbeholfen steht er da, hält ihr die Hand hin. »Hallo, Ria«, sagt er steif. Wie ein Teenager beim ersten Rendezvous. Rias Hand findet seine. »Edwin«, sagt Ria. Sie lächelt. Dann lächelt auch er.

Sie zeigt uns ihr Zimmer. Ein Schrank, ein Nachttisch, ein Bett. Das ist alles. Nur das Nötigste. Nichts davon gehört ihr. An der Wand über dem Bett hängen Fotos von mir. Ich als Kind, ich als Jugendliche, ein Bild von meinem Freund und mir. Es sind dieselben Bilder, die noch vor kurzem in ihrer Wohnstube hingen. Ich bin ihr einziges Enkelkind. Ihr Sonnenschein, wie sie immer sagte. Jetzt bin ich das einzig Persönliche hier, das Einzige, was ihren Teil vom Zimmer von dem anderen Teil unterscheidet. Denn Ria hat keinen Raum für sich allein. Eine Bettlägerige ist mit ihr auf dem Zimmer. Auch sie hat einen Schrank, einen Nachttisch, ein Bett. Die Frau, deren Namen wir nicht kennen, schläft, manchmal hören wir sie leise wimmern. Am Bett der Fremden baumelt ein Katheter. Es riecht nach Pisse.

Weil ich nicht weiß, was ich sonst tun soll, laufe ich umher, schaue aus dem Fenster. Der Blick ist trist. Ein Parkplatz. Dahinter Hochhäuser und noch mehr Hochhäuser. Wenn Ria aus dem Fenster schaut, sieht sie nichts außer Beton. Schön ist anders. »Schön hast du es hier«, sage ich.

Ria sitzt im Rollstuhl neben ihrem Kleiderschrank, zieht die Schubladen auf, schiebt sie wieder zu. Zieht sie wieder auf. Schiebt sie zu. Zieht sie auf. Ihre unruhigen Hände streichen über ihre Unterhosen, die Socken. Wieder und wieder fasst sie alles an. Vergewissert sich, dass alles da ist. Die wenige Habe, die ihr noch bleibt.

Als Edwin für einen Moment nicht im Zimmer ist, weil er auf die Toilette muss, eine eigene hat Oma nicht im Zimmer, ergreife ich die Gelegenheit. Großmutter und ich konnten uns schon immer alles sagen, alles fragen.

»Oma, wie geht es dir denn nun?«

»Ich fühl mich wohl«, sagt sie, noch immer damit beschäftig, wieder und wieder über ihre Wäsche zu streichen. Ich glaube ihr kein Wort. Schließe die Schubladen, drehe den Rollstuhl so, dass sie mich anschauen muss. Ihre Augen sind feucht.

»Aber Opa, wie soll er allein zurechtkommen?«, fragt sie. Ich bin verblüfft. Haben wir uns getäuscht? Ist sie viel klarer, als wir dachten? Ist all das hier nur ein großer dummer Fehler?

»Ich bin gestern nach Thüringen gefahren«, sagt sie. Sanft streichle ich ihr über den Kopf, über ihr dünnes, weißes Haar. Eine Zeitlang hat Oma eine Perücke getragen, seit ein paar Jahren wachsen ihre Haare wieder. Es ist ihr Verstand, der dünner wird. Wie konnte ich nur so dumm sein. Wie konnte ich nur glauben, dass Demenz sich bessern könnte? Die Antwort ist einfach: Weil ich es mir so sehr wünsche.

Edwin ist zurück. Gemeinsam mit der Schwester. Sie bringt uns in einen Besucherraum, den Gang runter, hinten rechts. Wir nehmen auf einer durchgesessenen Ledergarnitur Platz, mit bestickten Kissen und Häkeldeckchen über den Lehnen. Vor uns ein Glastisch, auch hier Häkeldecken, weiter hinten ein Fernseher, ein Buffet. Über uns hängt ein geschnitztes Bild in der Form von Afrika, darauf die »big five«: Elefant, Nashorn, Büffel, Löwe und Leopard. Die großen fünf Tiere Afrikas inmitten deutscher Gemütlichkeit. Das afrikanische Relief wirkt so deplaziert, wie Opa sich wohl fühlt. Edwin hat seine Jacke anbehalten. Kerzengerade, als hätte er seinen Stock verschluckt, sitzt er Ria gegenüber. Manchmal, wenn ihre Blicke sich treffen, schaut sie verlegen zur Seite, Edwin lächelt sie an. Ich dazwischen komme mir vor wie eine Anstandsdame. Die Situation könnte kaum grotesker sein. Edwin greift in seine Tasche, kramt darin herum. Umständlich zieht er die Fotos heraus, die er ihr mitgebracht hat, zeigt ihr das Bild, auf dem sie im See schwimmt. Mit dem Schwimmreifen. »Ria, weißt du noch, als ich dich damals immer am Strick hatte?«, fragt Edwin. Ria lacht. Sie wirft den Kopf zurück, dann hält sie sich die Hand vor den Mund, fast so, als wäre es ihr peinlich. Sie lacht wie damals. Am Maschsee. Ja, sie weiß es noch. Edwin und Ria, jetzt sind sie sich wieder nahe.

Die Großeltern plaudern, reden über das Wetter. Dann sagt Edwin, dass er das Wild, das noch in der Tiefkühltruhe war, gegessen hat. Es hätte gut geschmeckt. Ria erwidert, dass es das Schönste sei, sich an einen gedeckten Tisch setzen zu können. Eine halbe Stunde reden sie so miteinander. Manchmal wirr, manchmal klar. Nur darüber, wie es weitergeht, reden sie nicht.

»Ist die Putzkolonne schon dagewesen?«, fragt Ria unvermittelt. »Dann kann ich ja wieder nach Hause kommen, oder?«

Edwin schluckt. Damit hat er nicht gerechnet. Edwin ist feige. Er bringt nicht den Mut auf, ihr zu sagen, dass sie im Heim bleiben wird.

»Ich kümmere mich um alles«, sagt er.

Die Pflegerin klopft an, gleich gebe es Abendbrot, sie wolle Ria mit in den Speisesaal nehmen. Edwin steht auf.

Zögert. Ihm ist es unangenehm, sich vor der Pflegerin zu verabschieden. Dann ringt er sich doch noch durch, gibt Ria einen schnellen Kuss.

»Der war gut«, sagt sie.

Auf dem Weg nach Hause ist Edwin bester Laune. Er dreht das Autoradio lauter und summt die Melodie eines alten Schlagers mit. Ria hat ihn nicht beschimpft. Und ihr Geist, da ist er sich sicher, wirkte doch klarer als sonst, oder etwa nicht? Dann wäre seine Entscheidung richtig. Sie würde sich hier erholen. Vielleicht gesund werden.

»Ich glaube, es geht ihr besser«, sagt er. Fragend schaut er mich an.

Was soll ich darauf sagen? Was darf eine Enkelin sagen? Dass er nur zwei von 24 Stunden erlebt hat? Dass es nie wieder besser, sondern immer schlimmer werden wird? Dass auch ich mich habe täuschen lassen, weil ich mir wünsche, es könnte alles sein wie früher? Aber dass es nicht wahr ist, nicht wahr werden wird? Dass manche Träume sich eben nicht erfüllen, egal, wie sehr man es sich auch wünscht? Soll ich ihm das sagen?

»Bestimmt, Opa«, sage ich.

6

Ria zog den Mantel um ihre Taille enger. So fest, bis sie fast keine Luft mehr bekam. Die Müdigkeit ließ sie frösteln, ihre Füße taten weh, ihr Magen knurrte. Mit einem Seufzen setzte sie sich auf ihren Koffer. Seit den frühen Morgenstunden waren sie nun schon hier, am Hauptbahnhof Hannover, warteten auf einen Zug, der sie Richtung Thüringen bringen würde. In die alte Heimat. Nach Katzhütte. Zu ihr. Irmgard.

Zwei Wochen waren vergangen, seit Edwin ihr von Irmgard erzählt hatte. Seit Ria wusste, dass es eine andere Frau gab, und sie hoffte, dass Edwins Verlobte inzwischen einen anderen Mann hatte. Dass noch alles gut werden würde. Irgendwie.

Doch mit den Zweifeln ist das so eine Sache. Ohne dass man es merkt, schleichen sie sich ein. Zwischen Soldaten, Frauen, Kindern und Alten saß Ria in ihrem schwarz-weißen Pepitamantel auf dem alten, ausgebeulten Koffer und fragte sich, ob es die Mühe wert war. Zwei bis drei Tage würde die Reise dauern, wenn sie erst einmal einen Platz in einem der wenigen Züge hätten. Einen Passierschein für die sowjetische Besatzungszone hatten sie nicht. Die Grenze würden sie zu Fuß überqueren müssen, immer in der Angst vor den Russen.

Und wenn sie endlich in Katzhütte wären, was wäre

dann? Würde Ria dann zusehen, wie Edwin, ihr Edwin eine andere heiratet?

»Warum willst du mit nach Katzhütte?«, hatte ihre Mutter gefragt, als Ria ihr von den Reiseplänen erzählte. Inzwischen stellte Ria sich die gleiche Frage. Gut, sie hatte noch Anziehsachen bei der Oma, die sie abholen wollte. Im Krieg hatte Ria ein paar Wochen in der alten Heimat gelebt, weil die Eltern geglaubt hatten, dass ihr die Dorfluft guttun würde. Aber sonst? Warum tat sie sich das an?

»Ria, bald soll ein Zug kommen, den können wir nehmen.« Ria blickte hoch. Neben ihr stand Edwin. Sie wusste jetzt wieder warum.

Als der Zug einfuhr, setzte sich die Menge in Bewegung. Fast ein Jahr war es her, seit Deutschland kapituliert hatte, und noch immer schien es, als sei das ganze Land auf den Beinen. Beharrlich kämpfte sich Edwin nach vorne. In der einen Hand den Koffer, an der anderen Ria. Edwin war froh, dass sie mit ihm kam. Auch wenn er nicht wusste, was ihn zu Hause erwartete. Es fühlte sich gut an, dass sie bei ihm war.

Ein letzter Schritt, die Stufe hoch zum Waggon, Gedränge, hinten rechts auf dem Boden ein Platz zum Sitzen. Dann ein Rucken, der Zug fuhr an.

Drei Tage später überquerten sie die kleine Brücke. Über den Bach, in dem Ria als kleines Kind fast ertrunken war. Den Bach hinter Edwins Elternhaus.

Die Reise nach Katzhütte, es muss eine lange, eine beschwerliche Reise gewesen sein. Und doch: Wenn Edwin später als alter Mann davon erzählte, klang sie wie eine Reise voller Abenteuer. Von Kohlewaggons, in denen sie mitgefahren waren, von Bauern, bei denen sie im Stroh genächtigt haben, sprach er. Direkt neben Kühen und Ziegen hätten sie gelegen. Morgens ein frisches Glas Kuhmilch.

Noch warm. Und einmal, als kein Platz mehr im Zug gewesen war, seien er und Ria sogar oben auf einen der Waggons geklettert. Direkt hinter dem Schornstein hätten sie gesessen. So nah, dass die Funken kleine Löcher in das schwarz-weiße Muster von Rias Pepitamantel brannten. Der ganze Mantel war hinterher kaputt. Ria hat nur gelacht, es war ihr egal.

»Ist das auch alles wahr?«, fragte ich ihn.

»Aber sicher«, antwortete Edwin dann. »Genau so ist es passiert.«

Als Edwin gemeinsam mit Ria den Bach in Katzhütte überquerte, dämmerte es bereits. Hinter der Brücke trennten sich ihre Wege. Ria wollte rauf zur Oma Richtung Meuselbach, das Haus stand ein wenig abseits, oben am Berg. Edwin ging die Straße runter. Vorbei an der alten Scheune, in der er früher zum Tanz war, rechts die Kirche. Die Straßen waren leer, es schien, als sei er der Einzige, der zu dieser Abendstunde noch unterwegs war.

Dann war er da. Klopfte an. Einmal, zweimal. Trat zurück auf die Straße. Blickte hoch. Eine Frau, nicht alt, aber mit vielen Falten um die Augen, öffnete ein Fenster im ersten Stock. So wie sie es immer tat, wenn abends jemand klopfte. Wenn Besuch kam, ohne dass sie ihn erwartet hätte. Als sie den jungen Mann auf der Straße sah, kniff sie die Augen zusammen. Nur ein paar Sekunden.

»Edwin«, flüsterte sie kaum hörbar. »Edwin!«, hallte es durch das Dorf. Sie rannte, stolperte fast die Treppe herunter, riss die Eingangstür auf. »Edwin«, sagte sie noch einmal. Nicht laut, nicht leise. Dann schlang sie ihre Arme um ihn. Ihr Sohn war heimgekehrt.

Es war kalt, aber die Sonne schien, als Edwin sich am nächsten Tag auf zum Dorfplatz machte. Die Jungs und er, sie hatten sich früher dort immer getroffen und den Mädchen hinterhergeschaut. Das, was man halt so macht. Wenn man jemanden treffen wollte, ging man eben zum Dorfplatz. So war das nun mal.

Fritz war der Erste, den Edwin sah. Mit ihm war er früher in der Dorfschule gewesen. »Der kleine Dicke«, hatten sie ihn genannt.

»Mensch Fritz!«

»Mensch Edwin!«

Schulterklopfen.

»Du bist aber schmal geworden!«, sagte Edwin.

Fritz, der früher dick und nun schmal war, zuckte mit den Schultern. »Immerhin bin ich noch da.«

»Was ist mit Wilhelm, mit Karl und Hans?«, fragte Edwin.

»Hans ist zu Hause, der kommt bestimmt gleich rum.«

»Wilhelm?« Fritz schüttelte den Kopf.

»Karl?« Schweigen.

Den ganzen Tag saßen sie auf dem Dorfplatz, am Brunnen, fast so wie früher. Hans war dazugekommen, Gustav, der Heinz. Sie redeten über das, was war, und darüber, wo sie im Krieg gedient hatten. Polen, Frankreich, Russland. Gustav war sogar in Afrika gewesen. Heiß war es da, viel heißer als hier.

»Und«, fragte Fritz und knuffte Edwin mit dem Ellbogen in die Seite, »biste schon am Rathaus angeschlagen?« Gelächter.

»Warum?«, fragte Hans.

»Na, weißt du das gar nicht?« Fritz schüttelte gespielt mit dem Kopf. »Der Edwin ist doch mit der Irmgard verlobt.«

Und dann: »Oder will dein Mädchen nicht mehr?« Edwin lachte.

In einem 2000-Seelen-Dorf sprechen sich Neuigkeiten

schnell rum. Jeder wusste, dass Edwin zurück war. Auch Irmgard. Ihre Freundin hatte es ihr erzählt. Ganz aufgeregt war sie gewesen. »Irmgard, setz dich«, hatte sie gesagt, »du wirst es kaum glauben, dein Edwin ist wieder da.«

Ihr Edwin. Es schien lange her. Vier Jahre waren vergangen, seit er ihr einen Antrag gemacht hatte. Nur einmal, als er auf Heimaturlaub war, hatte sie ihn in den Kriegsjahren gesehen. »Wenn der Krieg vorbei ist, komme ich nach Hause und heirate dich«, hatte er gesagt. Nun war er also da. Irmgard würde heiraten.

»Er lebt jetzt in Hannover, habe ich gehört«, hatte ihre Freundin gesagt. »Mensch Irmgard, hast du ein Glück! Der nimmt dich doch mit und du kommst weg von hier. Weg von den Russen.«

Und während ihre Freundin sie wieder und wieder umarmte, ließ Irmgard los. Verabschiedete sich still von jenem, den sie liebte. Ohne es zu wissen, hatte Edwin recht behalten. Auch Irmgard hatte sich verliebt. Auch Irmgard wollte einen anderen. Eigentlich.

Als Edwin am frühen Abend an die Tür von Irmgards Elternhaus klopfte, öffnete ihm eine Frau, die, so schien es ihm damals, sich über nichts mehr als seine Rückkehr freute. Eine Frau, die vier Jahre lang auf ihn gewartet hatte und die nun, nach all der Zeit, endlich geheiratet werden wollte. Es vergingen Jahre, Jahrzehnte, bis Edwin begriff, wie sehr er sich geirrt hatte.

Etwas später am Abend saß Ria in der kleinen Stube direkt unter dem Dach und stopfte Socken. Noch heute Abend, das hatte Edwin ihr versprochen, würde er rauf zu dem Haus am Berg kommen. Zu ihrer Oma, die auch die seine war. In der Küche hörte sie die kleine alte Frau rumoren. Seit Oma wusste, dass ihr Enkel, »wenigstens einer«, zurückgekehrt war, stand sie in der Küche und rührte aus dem wenigen, das sie hatten, ein Festmahl zu-

sammen. »Ria, komm runter, sie kommen.« Sie? Ria regte sich nicht. Was hatte Oma gesagt? Sie? Oma öffnete die Tür. »Edwin! Irmgard! Wie schön!« Ria legte die Socken beiseite.

Langsam ging Ria die Treppe hinunter, hörte das Knarren des Holzes unter ihren Füßen und die Stimmen im Flur. Edwins und Irmgards. Beide waren ihr bekannt.

Es war nicht das erste Mal, dass Ria Irmgard begegnete. Schon damals, als Ria in den Kriegszeiten für ein paar Wochen in Katzhütte war, hatte sie Irmgard im Dorf getroffen. Sie hatten einander begrüßt, hin und wieder hatten sie auch einen Plausch gehalten. Über Nichtigkeiten. Höflichkeitshalber. Ria hatte damals nicht gewusst, dass sie Edwins Verlobte war. Und selbst wenn, was hätte sie sich dabei denken sollen? Sie kannte Edwin ja noch gar nicht. Nicht so. Nicht so wie jetzt.

Als Ria die letzte Stufe nahm und Irmgard gegenüberstand, wollte sie die Frau begrüßen, die da an Edwins Seite stand. Sie wollte »hallo« sagen, »Wie geht es dir?«, irgendetwas in der Art. Doch dann machte Ria einen Fehler, sah zuerst Edwin und nicht Irmgard an. Sah in seine Augen. Sah das Schuldbewusstsein darin. Rias Kehle schnürte sich zu. Gleich würde sie weinen müssen.

»Ria, Edwin hat mir schon erzählt, dass er mit seiner Cousine hier ist. Wie geht es dir?«, fragte Irmgard, die nicht wusste, nicht einmal ahnte.

»Es geht mir gut«, sagte Ria. Schluckte. »Schön, dich zu sehen.« Nur mühsam brachte sie die wenigen Worte hervor. Versuchte so zu tun, als wenn nichts wäre. Als sei diese Frau, die neben Edwin stand, nur die Tochter von Gertraud und Rudolf und nicht die Frau, die da stand, wo doch eigentlich sie hätte stehen sollen. Neben Edwin. Ihrem Edwin.

»Steht nicht draußen rum, kommt doch rein«, rief Oma,

die schon längst wieder in der Küche war und in den Töpfen rührte. »Es gibt gleich Essen.«

Zwei Wochen blieben sie in Katzhütte. Gemeinsam gingen sie in die Wirtschaft, gemeinsam besuchten sie Freunde. Gemeinsam mit Irmgard. Es ist schwer, sich vorzustellen, wie es ist, als heimliche Dritte mit einem Paar zusammen zu sein. Wie es ist, einer Frau dabei zuzuschauen, wie sie sich bei dem Mann einhakt, an dessen Seite man selbst gerne gehen würde. Zuzuschauen, wie diese Frau mit dem Mann tanzt, mit dem man selber gerne tanzen möchte. Wie diese Frau ganz selbstverständlich an seine Seite gehört. Wie er ganz selbstverständlich an ihrer Seite ist. Vermutlich fängt man an, den Kerl zu hassen, der einem das antut. Zumindest aber das Weibsstück.

Ria hasste nicht, es war nicht ihre Art. »Man muss immer Liebe geben, dann bekommt man sie irgendwann auch zurück«, sagte sie stets. Sie konnte nicht anders. Sie liebte Edwin, trotz allem. Und wenn sie ehrlich war, mochte sie Irmgard sogar. Diese große dünne Frau, die so ganz das Gegenteil war von ihr. Laut und selbstbewusst. Manchmal ein wenig barsch. Aber auch herzlich. Wäre es anders gekommen, sie hätten Freundinnen werden können.

Manchmal trafen sie sich heimlich, Edwin und Ria. Nachts. An der Sedanklause. »Was sollen wir tun?«, fragte Ria dann, die längst verstand, dass Edwin zwar anders wollte, aber nicht anders konnte. Jedenfalls glaubte sie das. Ganz fest. »Was sollen wir tun, Edwin?«

»Mädchen«, sagte er dann, »ich weiß es doch auch nicht.« Und Edwin wusste es wirklich nicht.

Als er Irmgard zum ersten Mal wiedersah, selbst als sie sich augenscheinlich über seine Wiederkehr freute, hatte Edwin noch gehofft, dass sie ihn vielleicht dennoch nicht mehr heiraten würde. Weil sie nicht mit ihm gehen wollte. Nach Hannover. Aber als Edwin ihr von seinen Plänen erzählte, davon, dass er in Hannover leben wollte, dass er dort eine Anstellung hatte und sicher bald auch eine eigene Wohnung finden würde, war Irmgard begeistert gewesen. Sie wollte nicht hierbleiben. Sie wollte raus aus der sowjetischen Zone. Sie wollte ihn heiraten. Er hatte es ihr versprochen. Was sollte er tun?

»Ich weiß es nicht, Ria.«

Kurz darauf, es war Anfang April 1946, traten sie die Heimreise an. Ria und Edwin. Und Irmgard.

7

Die Augen fest verschlossen, den Kopf zur Seite liegt er da. Hofft, dass die Panik nicht kommt. Ihn nicht einnimmt und nicht mehr loslässt. Nicht jetzt. Wie Blei wiegen seine Arme schwer, seine Beine, seine Lider. Mühsam öffnet er die Augen. Ganz kurz. Er sieht den Teppich, das Tischbein, den Sessel. Alles dreht sich. Edwin macht die Augen wieder zu.

Vor fünf Minuten hat er den roten Knopf gedrückt, den er, seit Ria nicht mehr da ist, ständig um den Hals trägt. Ein Notknopf, der ein direktes Signal an die Johanniter sendet. Seine Schwiegertochter hatte ihn dazu gedrängt. Edwin fand es albern. Bis eben. Bis er schlaftrunken aus seinem Sessel aufgestanden und hingefallen war. Der Kreislauf. Jetzt liegt er hier, in seiner Wohnstube, neben dem Marmortisch. Schwindelig. Ängstlich. Hilflos. Wartet darauf, dass die Johanniter kommen. Die Männer haben einen Schlüssel.

Und was, wenn keiner kommt? Wenn der Knopf nicht funktioniert? Edwin merkt, wie die Panik kommt. Wie sie langsam in ihm hochkriecht. Wie lange werde ich hier liegen? Die Nachbarin ist bei ihrem Freund, mit der Schwiegertochter hat er erst heute Morgen telefoniert, sie wird heute nicht mehr anrufen, und die Enkelin ist wieder in Berlin. Die Angst ist da. Nackt. Ich will hier nicht sterben, denkt er. Nicht jetzt und nicht so. Nicht ohne Ria.

Edwin denkt daran, wie es war, als sie sich das letzte Mal im Heim gesehen haben. An ihr Lachen, als er ihr das Foto von dem Schwimmring gezeigt hat, an den schnellen Kuss zum Abschied. Edwin hat immer geglaubt, dass er noch viel Zeit habe. Er hat sich nie alt gefühlt, trotz seiner 89 Jahre. Er denkt: Ich will bei ihr sein. Ich kann sie nicht allein lassen. Sie braucht mich doch. In Wahrheit braucht er sie.

Edwin hört, wie die Haustür geöffnet wird. Die Männer von der Rettungsstelle sind da.

»Herr Ludwig?«

»Hier.« Die Sanitäter eilen heran. »Sterbe ich?«, fragt Edwin die jungen Männer in roten Hosen und weißen Pullovern.

»Herr Ludwig, so schnell stirbt es sich nicht. Das ist nur der Kreislauf.«

Als er nur Minuten später wieder in seinem Sessel sitzt, lässt er sich das Telefon bringen. Edwin hat jetzt keine Zeit mehr zu verlieren, er weiß nicht, wie viel er noch davon hat.

Einige Wochen später. Ich stehe im Schlafzimmer meiner Großeltern. Auf dem Doppelbett liegt ein aufgeklappter Lederkoffer, randvoll mit Hemden, Hosen, Pullovern. Edwin sitzt daneben, bewertet, delegiert. Die grüne oder die braune Krawatte? »Die grüne«, sagt er. Ein Weihnachtsgeschenk von Ria.

Immer wieder haben wir in den letzten Tagen und Wochen miteinander telefoniert. Immer wieder habe ich ihn gefragt, ob er sich sicher ist. Ob er wirklich zu Ria ins Heim ziehen will. Edwin ist sich sicher. Ein Sinneswandel. »Ich verlasse diese Wohnung nur mit den Füßen zuerst«, hat er früher einmal gesagt. Nun hat er den Mietvertrag gekündigt. Nach über dreißig Jahren will er aus der gemeinsamen Wohnung ausziehen. Will alles zurücklassen für einen Neuanfang. Mit ihr. Für sie. Weil er versprochen hat, sie nicht zu verlassen. Und weil er in seinen letzten Tagen nicht ohne sie sein will. Der Sturz in der Wohnung hat ihm klargemacht, er hat nicht mehr ewig Zeit. Es kann schnell zu Ende sein. Aber das sagt er nicht. Wie er so vieles nicht sagt: Mein Großvater hat mir lange Zeit nichts von seinem Sturz erzählt. Er wollte nicht, dass ich mir Sorgen mache. Erst viel später, als die Dinge schon anders liegen, wird er mir davon berichten. Mir von seiner Angst erzählen und davon, dass er bei Ria sein will, wenn alles vorbei ist. Wenn ihre und seine Geschichte zu Ende geht, weil ihre Zeit gezählt, das Leben nun einmal endlich ist.

Seit drei Stunden stehen wir nun hier. Versuchen zu gewichten, sortieren aus, packen ein. Was kommt mit, was bleibt hier? Was soll in den Keller bei mir und seiner Schwiegertochter? Was wird weggeschmissen? Ein ganzes Leben auf 75 Quadratmetern muss neu geordnet und bewertet werden. Die Uhr von der IG Metall für 50 Jahre in der Gewerkschaft? »Muss mit.« Der Marmortisch, für den er Monate gespart hat und für den er einmal 800 Mark bezahlt hat, ist zu groß für das kleine Zimmer, in das Edwin bald ziehen wird. »Willst du ihn nicht nehmen?« Ich betrachte den massigen Marmortisch in Braun und Weiß. Ich finde ihn grässlich. Aber wie sage ich ihm, dass ich seinen wertvollen Besitz nicht möchte? Wie sage ich, dass er für mich nicht mehr als Plunder ist? Sein Plunder zwar. Aber Plunder. »Opa, für meine Wohnung ist er doch auch zu groß.« Eine Notlüge. Edwin zieht die Mundwinkel nach unten.

Am Ende und nach endlosen Diskussionen ist es nicht viel, was Edwin bleibt: Sein Fernsehsessel, ein paar Bilder aus Thüringen, eine handsignierte Biographie von Gerhard Schröder, die Uhr von der IG Metall. Ein vergoldetes

Bild mit betenden Händen darauf. Edwin hat es einmal von seiner Mutter geschenkt bekommen. Auf der Rückseite steht in krakeliger Schrift: »Im Leben geht alles vorüber, verlier bloß nicht gleich den Mut, versuch es doch morgen noch einmal und alles wird wieder gut. Deine Mutter.« Als hätte sie es gewusst, denke ich. Edwin versucht es noch einmal. Gleich morgen. Viel gibt er dafür auf: Seine Selbständigkeit. Seine Wohnung. Doch es sind vor allem die kleinen Dinge, um die Edwin trauert. Er trauert um seine Plattensammlung und die alte Musikanlage, noch mit Tonbändern statt Kassette oder CD. Stundenlang hat er Musik aus dem Fernsehen aufgenommen. Es gibt wohl keine Hitparade der Volksmusik, die Edwin nicht mitgeschnitten hat. Jetzt werden die Rollen weggeschmissen. Genau wie sein Marmortisch. Dinge, so nutzlos geworden wie all die Pläne und Vorstellungen, die Edwin sich gemacht hat. Alles neu. Alles anders.

Müde und erschöpft vom Packen stehen wir am Fenster in Rias Wohnstube. Meine Großeltern hatten jeder ein eigenes Zimmer. Sie wollten das so, weil jeder seinen Rückzugsort braucht. Als Ria noch zu Hause war, war sie es, die abends zu Edwin kam. Edwin war nur selten bei ihr in der Wohnstube. Doch seit Ria im Heim ist, ist er oft hier, in ihrem Zimmer. Er mag es, ihre Sachen um sich zu haben. Ihre Couch, ihren Sessel, ihre Bilder an der Wand. Manchmal setzt er sich in ihren Sessel und liest Zeitung. Er ist ihr dann näher. Großvater und ich schauen hinaus auf die Straße, auf der nie viel passiert. Eine Sackgasse mit Kopfsteinpflaster. Ein altes Mütterchen mit einer Einkaufstasche kreuzt die Straße. Ihr Gang ist schleppend, ihre Haare sind grau. Ich frage mich, wie lange sie wohl noch in ihren eigenen Wänden wohnt und ob Großvater wohl das Gleiche denkt.

»Wir haben uns das einmal ganz anders vorgestellt«, sagt Edwin, den Blick noch immer auf die Straße gerichtet. Dann dreht er sich um. Sein Blick schweift durch die Wohnung, in der er jahrzehntelang mit Ria gewohnt hat. Drei Zimmer. Parterre. Hier haben sie gelebt, geliebt, gestritten. Er schaut zum Sessel, in dem Ria immer saß, mit der selbstgehäkelten Decke über der Lehne. Schräg gegenüber ist die Küche, daneben das gemeinsame Schlafzimmer. Im Heim werden Edwin und Ria in getrennten Zimmern schlafen, ein Doppelzimmer war nicht mehr frei.

»Wie habt ihr euch das denn vorgestellt?«, frage ich.

»Anders halt. Ich weiß auch nicht.«

Ich denke darüber nach, wie ich mir das Altwerden vorstelle. Mir fällt spontan das Bild von einem alten Paar auf einer Bank ein, beide ergraut, Hand in Hand. Vielleicht hat auch Opa sich so seine letzten Jahre vorgestellt. Er mit Ria auf der Bank im Schrebergarten, vor sich ein Glas Weißwein. Wer würde sich das nicht wünschen? Diesen Traum nicht gerne träumen? Die Realität holt einen schon schnell genug ein. Edwin hat sie überholt. Rias Krankheit macht es unmöglich, dass sein Traum vom gemeinsamen Altwerden zu Hause wahr werden kann. Vielleicht hat er die letzten Wochen alleine in der Wohnung auch gebraucht, um das zu akzeptieren. Jetzt soll wenigstens das Gemeinsam wahr werden.

Es dämmert schon, als ich mich von Großvater verabschiede. Auf dem Weg zur Tür ist sein Gang schleppend, die Arme hängen schlaff herunter. Edwin wirkt erschöpft, und zum ersten Mal denke ich, dass mein Großvater alt ist.

»Bis morgen, Opa«, sage ich.

»Ja, bis morgen«, sagt er wehmütig. Es wird die letzte Nacht sein, die Edwin in dieser Wohnung verbringt. Die letzte Nacht im eigenen Bett. Morgen früh werde ich ihn und die zwei Koffer, die wir gepackt haben, ins Heim bringen. Eine Rückkehr in seine Wohnung wird es nicht geben. Die Ausräumer sind bestellt.

Ich mache mich auf den Weg zu Freunden, bei denen ich heute gemeinsam mit meinem Freund Tino schlafen werde. Er ist schon dort, wartet auf mich. Draußen stürmt es, dazu Nieselregen, typisches Herbstwetter. Der Winter steht vor der Tür. Der letzte Abschnitt. Während ich mich den zehnminütigen Fußweg zur Straßenbahn durch den Regen quäle, denke ich immer wieder an die Worte meines Großvaters. »Wir haben uns das einmal alles ganz anders vorgestellt.« Was bedeutet es für meinen Großvater, der noch mehr oder weniger gut alleine zurechtkommt, sein Zuhause aufzugeben? Wie ist es für meine Großmutter, sich ein Zimmer mit einer völlig Fremden zu teilen, wo sie doch selbst in ihrer Beziehung immer ihr eigenes hatte? Wie fühlt es sich an, wenn man merkt, dass man auf Hilfe angewiesen ist? Und wie erst, wenn man spürt, dass man Stück für Stück seine Erinnerungen, seinen Verstand verliert? Sagt man nicht, die Erinnerungen sind alles, was einem im Alter bleibt? Was, wenn nun nicht einmal die bleiben? Was bleibt dann noch?

Die Fragen begleiten mich die Fahrt in der Straßenbahn. Bis nach Linden, den Stadtteil, in dem meine Freunde wohnen und in dem auch ich früher gewohnt habe. Bis in ihre Wohnung in der Noltestraße hinein, in ihre Küche. Bis an ihren Küchentisch: »Wie stellt ihr euch euer Leben vor, wenn ihr alt seid?«, frage ich.

»Was?« Angret schaut mich verwirrt an. Sie ist Anfang dreißig, Sozialpsychologin. Ihr Lebensproblem zurzeit: Will sie ein Kind oder nicht?

»Wie stellst du dir dein Leben vor, wenn du alt bist?«, wiederhole ich.

»Wie kommst du darauf?«

»Mein Opa hat heute gesagt, dass sie es sich einmal ganz anders vorgestellt haben. Ria und er. Und da ist mir aufgefallen, dass ich mir noch nie Gedanken darüber gemacht habe. Hast du?«

Angret schweigt, rührt Nudeln und Gemüse in einer Pfanne um. Dann sagt sie: »Ich glaube, ich gehe in eine Altenwohngemeinschaft mit einer Pflegerin und so.«

Ich bin verblüfft. Während ich mich an Träumereien wie der Parkbank festhalte, hat Angret schon einen konkreten Plan. Einen realistischen noch dazu. »Und du?«, fragt sie zurück, während sie die Teller auf dem Tisch verteilt.

»Das ist der Unterschied zwischen uns. Ich habe keinen Plan. Ich verschiebe das.«

»Auf wann?«

»Auf später.«

»Ich glaube, ich würde die letzten Jahre gerne in der eigenen Wohnung leben und dort auch sterben«, sagt Christian, Angrets Freund. »Im vertrauten Umfeld.«

So wie mein Opa, denke ich. So hat er es sich auch vorgestellt. Das glaube ich zumindest. Und während ich wieder in Gedanken bei Edwin bin, sagt Tino: »Ich finde, man sollte es sich überhaupt nicht vorstellen. Das ist das Einzige, was man machen kann, um nicht enttäuscht zu werden. Man kann es doch eh nicht ändern.«

Christian verteilt das Essen auf die Teller. Dann sagt er: »Tino hat recht. Wir haben noch viel zu viel vor uns, um uns das vorzustellen. Aber im Idealfall bin ich fit, lebe in meiner eigenen Wohnung, hab irgendwann einen Schlaganfall und bin tot.« Er erhebt sein Glas. »Zum Wohl.«

Bei Ravioli mit Gemüse und Shrimps diskutieren wir darüber, ob die eigene Wohnung besser ist als ein Pflegeheim und ob das Konzept der Alten-WG sich durchsetzen wird. Und dann, mitten im Gespräch, zwischen Hauptgang und Nachtisch, passiert etwas Eigenartiges. Auf einmal reden wir nicht mehr über unsere Vorstellungen vom Alter, über unsere Ängste, sondern über die unserer Eltern. Tinos Eltern wollen ins Altersheim, weil sie Angst haben, ihren Kindern zur Last zu fallen. Christians Mutter möchte gerne einfach in ihrer Wohnung tot umfallen. Meine Mutter hat Angst vorm Altersheim und schaut sich jetzt schon nach Penthäusern um, weil da alles auf einer Ebene ist. Wir reden über andere, denke ich, weil das weiter von uns weg ist. Wir diskutieren über Allgemeines, weil es leichter ist als das Konkrete. Wir wollen uns das Alter gar nicht vorstellen. Zumindest nicht so, wie es wirklich sein könnte, weil wir eine Scheißangst davor haben. Wir haben Angst davor, einsam zu sein. Wir haben Angst davor, bei vollem Bewusstsein mitzukriegen, wie wir langsam dahinsiechen. Wir haben Angst davor, dement zu werden, hilflos zu sein. Nicht mehr zu wissen, wo man ist. Aber das sagen wir nicht.

Es ist schon früher Morgen, als wir uns gute Nacht wünschen, Tino und ich die Klappmatratzen aufklappen, einen Schlafsack hervorkramen. Eigentlich bin ich erschöpft und müde. Trotzdem lässt mich die Frage nach dem Leben im Alter nicht los. Und so liege ich nachdenklich auf der Klappmatratze. Neben mir Tino, er schläft tief und fest. Nein, denke ich, ich möchte nicht in einer Alten-WG leben wie Angret und ich möchte auch nicht alleine zu Hause an einem Schlaganfall sterben, ganz ohne dass es jemand mitkriegt. Ich möchte bei meinem Liebsten sein. Ich möchte bei ihm sein, wenn er stirbt, oder dass er bei mir ist, wenn ich sterbe. Ich möchte, dass jemand meine runzlige Hand hält. Ich rücke näher an Tino heran, lege meine Hand über seine. Halte sie. Es fühlt sich gut an. Dann schlafe ich ein.

*

Als ich am nächsten Morgen in die Wohnung meiner Großeltern komme, um Edwin abzuholen, liegen beide Koffer offen auf seinem Bett. Die Kleidung ist zerwühlt. Edwin hat noch einmal umgepackt. Die Hemden und Hosen, die wir so sorgfältig verstaut hatten, liegen teilweise auf dem Bett, teilweise verstreut auf dem Boden. »Opa?!«, sage ich halb fragend, halb vorwurfsvoll. Er stammelt irgendetwas von Schlafanzügen und Krawatten. Seine Worte ergeben so wenig Sinn wie sein Handeln. Der Umzug nimmt ihn doch mehr mit, als ich dachte. Geduldig, wie bei einem kleinen Kind, gehe ich alles noch einmal mit ihm durch. Jedes Kleidungsstück. Jedes Foto. Edwin sitzt auf dem Bett. Wie gestern. Doch heute delegiert er nicht. Nickt nur, wenn er einverstanden ist.

Zwei Stunden später, die Koffer sind bereits im Auto, steht Edwin mit dem Schlüssel in der Hand im Hausflur. Die Wohnungstür ist noch offen. Ein letztes Mal sperrt er zu. In der Reichhelmstraße 1, Parterre, rechts. Zweimal dreht er den Schlüssel um. Dann ist es getan. Edwin hat abgeschlossen. In einer halben Stunde wird er bei Ria im Heim sein. Noch heute wird er gemeinsam mit ihr zu Mittag essen. Edwin freut sich darauf, mit ihr an einem Tisch zu sitzen. Mit ihr spazieren zu gehen. Er hofft, im Heim wieder mit Ria lachen zu können. Die Besuche bei ihr in den vergangenen Wochen waren schön, also muss doch auch das Leben mit ihr wieder schön sein. Edwin gibt mir den Schlüssel. Ich schaue ihn an.

»Können wir?«

Er lächelt. Bittersüß. Wie hat er noch gesagt? Bis zum bittersüßen Ende?

»Ja«, sagt Edwin. »Wir können.«

Auf der Autofahrt ist Großvater schweigsam. Als wir länger an einer roten Ampel stehen, sagt er: »Vielleicht hätte ich Ria gleich heiraten sollen.«

8

Als alle Vorbereitungen für den nächsten Tag getroffen und alle anderen bereits zu Bett gegangen waren, zog Edwin Hemd und Hose aus und legte sich schlafen. Auf dem Sofa in der Küche seines Onkels. Neben dem Ofen. Mit der Decke, die kratzte und zu kurz war. Kalte Füße oder kalte Brust? Edwin schmunzelte. Für einen kurzen Moment war es ihm, als hätte sich nichts geändert. Dabei hatte sich alles geändert. Kalte Brust, entschied er.

Einen Monat war es her, seit Edwin aus Katzhütte zurückgekehrt war. Seit Irmgard mit ihm lebte. Zu dritt waren sie vom Bahnhof in Hannover nach Hause gelaufen. Geradeaus, dann links, am Maschsee vorbei. »Wie schön«, hatte Irmgard gesagt, Edwin hatte genickt, Ria hatte geschwiegen. In der Helenenstraße hatte Onkel Erwin sie mit offenen Armen empfangen. Natürlich dürfe sie bei ihnen wohnen. Aber gern. »Irmgard kann sich doch mit den Mädchen das Zimmer teilen. Mit Lene und Ria.« Tante Else, die wusste, zog die Lippen schmal.

Seitdem schlief Edwin allein in der Küche, seitdem hoffte er nicht mehr darauf, dass Ria sich zu ihm schlich. Wobei, eigentlich tat er das doch. Hoffen. Auch wenn er wusste, wie verrückt das war.

Schließlich schlief seine Verlobte mit im Zimmer von Ria und ihrer Schwester.

Edwin hielt den Atem an. Waren das Schritte? Er horchte. Alles blieb still.

*

Der 22. April 1946 war ein sonniger Tag. Die Luft war mild. Der erste Frühling nach dem Krieg. Es war der Tag, an dem Edwin heiratete. Vor der kleinen Kirche in Hannover-Döhren hatten sie sich am frühen Nachmittag eingefunden. Die Eltern des Brautpaares, ein paar Freunde, Verwandte. Es waren vielleicht zehn, höchstens zwanzig Gäste, die der Pastor vor den Ruinen der alten Kirche begrüßte. Eine Bombe der Alliierten war neben der St.-Petri-Kirche eingeschlagen. Fast bis auf die Grundmauern war sie niedergebrannt, nur der alte Turm stand noch. Für die Hochzeit hatte man ein paar Stühle in das Gemeindehaus gestellt. Ein dunkler Saal, so trostlos wie die Hochzeit selbst.

Der Pastor, ein älterer Mann mit Bart und tiefer Stimme, wusste nicht viel über das Paar, das er trauen sollte. Zwei Menschen, die sich schon seit der Jugendzeit kannten und nun nach dem Krieg wieder zueinandergefunden hatten. Das war alles, was Edwin dem Pastor erzählt hatte, der nun hinter dem Altar stand und auf das Brautpaar am Ende des Ganges blickte.

Langsam, dem Takt der Musik folgend, gingen Edwin und Irmgard auf den Altar zu. Edwin trug einen alten schwarzen Anzug, der ihm an den Ärmeln zu kurz und an der Hüfte zu eng war. Irmgard hatte sich aus einem Luftwaffenmantel ein blaues Kostüm genäht. In ihren Händen hielt sie den Brautstrauß. Ein paar Blumen aus dem Garten, nichts Besonderes.

Als die letzten Töne verklungen waren, ließ Edwin seinen Blick noch einmal durch die Reihen wandern. Zuerst sah er seine Mutter. Sie lächelte ihm zu, nickte. Vor allem seine Eltern hatten ihn zu dieser Heirat gedrängt. »Anstandshalber, Edwin«, hatte seine Mutter immer wieder gesagt. »Anstandshalber.« Noch immer hatte er ihre Worte im Ohr, als er ihr gestand, dass es nicht Irmgard, sondern Ria war, die er liebte. Noch immer sah er, wie sie energisch mit dem Kopf schüttelte. Wie sie weinte, vom Gerede der Leute sprach. Von Ansehen. Solchen Dingen. Edwin würde nicht nur sein Wort brechen, wenn er jetzt nein sagte. Er würde seine Eltern beschämen. Konventionen verletzen. »Anstandshalber, Edwin. Anstandshalber.«

Eine Reihe dahinter saß Irmgards Cousin, daneben entfernte Verwandte, die er kaum kannte. Edwin wollte sich gerade wieder umdrehen, da sah er sie. Hinten rechts, direkt neben ihren Eltern.

In ihrem besten Kleid saß Ria in der Kirche und schaute zu, wie der Mann, den sie liebte und der auch sie liebte, eine andere heiratete. In den Händen hielt sie ein Taschentuch, hielt sich daran fest. Sie wollte es nicht benutzen, das hatte sie sich vorgenommen. Aber wenn, da ist sie sicher, würden alle glauben, es wäre vor Rührung. Alle, nur ihre Mutter nicht.

»Im Namen Gottes des Vaters, des Sohnes und des Heiligen Geistes. Amen. Wir wissen aus Gottes Wort, dass der Ehestand ein heiliger ist …«

Dumpf hallten die Worte des Pastors durch die Kirche. Er sprach von Gottes Wort und Treue, davon, dass der Ehestand ein heiliger ist. Edwin sah Ria an. Mein Mädchen, dachte er. Und dann dachte er daran, wie er sie das erste Mal sah, an jenem Abend, an dem er in Hannover ankam. Daran, wie er ihr irgendwann zugelächelt hatte. Daran, wie sie sein Lächeln erwiderte.

»So ermahne ich euch beide, die ihr nun in den Ehestand tretet, dass ihr in Gottesfurcht denselben anfangt.«

Edwin dachte daran, wie er mit Ria das erste Mal im Kino war. Wie er ihre Hand hielt. Ein wenig feucht war sie, weich und warm.

»Und damit nun der heilige Ehestand bei Euch christlich angefangen und heilig und unbefleckt gehalten werde, wollen wir Euch im Namen Gottes trauen.«

Er dachte an die Nächte mit Ria. Wie sie sich jeden Abend zu ihm in die kalte Küche schlich, vorbei an dem Bett der Schwester und dem Schlafzimmer der Eltern. Jeden Morgen um fünf auf Zehenspitzen heimlich zurück.

»Edwin, ich frage Euch an Gottes statt: Wollt Ihr gegenwärtige Irmgard Giessler als Eure Ehefrau haben, mit ihr leben, sie lieben, Euch auch nicht von ihr zu scheiden, es sei denn, dass Euch der Tod scheide?«

Edwin dachte daran, wie er mit Ria auf dem Dach des Zuges Richtung Katzhütte gesessen hatte. Die Funken auf ihrem schwarz-weißen Pepitamantel. Ihr Lachen.

»Ist solches Eures Herzens Wille und Meinung, so bekennt es allhier vor Gott und seiner christlichen Kirche und sprechet: ja.«

Ria schaute zum Altar, hielt den Atem an.

Kurz vor der Trauung hatte die Braut sie beiseitegenommen. »Warum ist er nach all den Jahren nur zurückgekommen?«, hatte Irmgard sie gefragt. Und dann hinterhergeschoben: »Ich wollte eigentlich einen anderen.«

Vielleicht hätte Ria die Trauung verhindern können. Sie hätte zu Edwin gehen können und ihm sagen, dass auch die Braut ihn nicht liebt. Sie hätte Edwin von seinem Versprechen entbinden können. Doch sie hatte geschwiegen.

»Ja, ich will.«

Als Edwin die drei Worte sprach, weinte Ria. Sie schluchzte nicht. Es war ein stilles Weinen. Ein halbes Jahr lang hatte sie gehofft. Jetzt war alles vorbei. Am 22. April 1946 verlor Ria ihre große Liebe.

9

Mit festem Schritt, die Hand sicher um den Griff des Stockes gelegt, geht Edwin auf sein neues Zuhause, auf sein neues Leben zu. Ich rolle die zwei Koffer hinter ihm her. Großvaters Haltung ist gerader als sonst, er wirkt größer, sein Kopf ist erhoben, Blick nach vorn. Zuversicht.

Wir steigen in den Fahrstuhl, klingeln im ersten Stock. Dieses Mal stehen wir nicht hilflos im Flur herum wie noch wenige Wochen zuvor bei unserem ersten Besuch. Dieses Mal erwartet man uns. Eine Pflegerin heißt uns willkommen, zeigt uns Edwins Zimmer, das jedem anderen Zimmer hier gleicht. Nur sein Sessel, seine Schwiegertochter hat ihn heute früh schon gebracht, ist sein persönlicher Besitz. Und zwei Koffer, randvoll gefüllt mit Anziehsachen. Alles andere, alles, was ihm lieb ist, Edwin hat es aufgegeben, für etwas, das ihm noch lieber ist.

»Ich mach das schon«, sage ich zu Edwin, der so unruhig in seinem neuen Reich steht, von einem Bein auf das andere tritt. Er will nicht erst auspacken, nicht länger warten, er hat genug gewartet. »Geh schon, Opa.«

Edwin geht den kahlen Flur entlang mit den Neonröhren an der Decke, dem Linoleum am Boden und den wahllos aufgehängten Tierbildern an der Wand. In seiner Wohnung war der Teppich flauschig, das Licht gedämpft und Bilder von Katzhütte, alte Schwarzweißfotografien, hingen an der Wand. Edwin hat keinen Blick für die Anonymität eines Heimes. Seine Augen suchen sie.

Ohne anzuklopfen, geht er in ihr Zimmer. Ria sitzt an ihrem Tisch direkt am Fenster. Vor sich einen leeren Teller und Besteck. An der anderen Tischseite ein weiterer Teller, ein weiterer Löffel. Für ihn. An ihrem ersten gemeinsamen Tag dürfen Edwin und Ria alleine speisen. Das Essen wird gleich gebracht. Ria hat auf ihn gewartet.

»Da bist du ja«, sagt Ria, als sie ihn erblickt. Ganz so, als wäre Edwin eben aus dem Schrebergarten gekommen. Mit seinem Fahrrad. Über die Brücke an der Leine entlang, über die Kreuzung, dann in ihre kleine Straße mit dem Kopfsteinpflaster hinein.

Edwin geht zu ihr. Gibt ihr einen Schmatzer auf den Mund. »Ja«, sagt er. »Da bin ich.«

Ein paar Zimmer weiter räume ich Edwins Anziehsachen in den Kleiderschrank, den Kopf so voll mit Gedanken, wie Kleidung im Koffer. Acht Pullover, zwei für jede Jahreszeit, in das mittlere Fach. Wird das gutgehen? Sechs Hosen, alle in Grau, Beige oder Braun, in das untere Fach. Was, wenn der Zauber des Anfangs verflogen ist? Zehn Hemden, gebügelt und gestärkt, ordentlich an der Seite aufgehängt. Niemand weiß, ob Edwin damit umgehen kann, wenn Ria mehr und mehr vergisst. Wenn sie ihm irgendwann gar nicht mehr zeigen kann, was er ihr bedeutet. Wenn sie ihn nicht nur anschreit, sondern nicht mehr erkennt. Wenn sie ihn ganz und gar vergisst. Zahllose Krawatten. Andererseits ist Edwin ein erwachsener Mann. Ein gestandener Mann. Einer, der weiß, was er tut, weiß, wofür er sich entscheidet. Unterwäsche in die Schublade. Es wird schon gutgehen. Die Schuhe ordentlich aufgereiht in den Schrank. Er hat es ihr versprochen. Koffer leer, Koffer zu.

Mein Magen grummelt, ein ungutes Gefühl im Bauch, vielleicht Hunger, vielleicht auch mehr, als ich zu ihnen gehe. Ich klopfe an.

»Herein.« Großvaters Stimme klingt klar. Ein gestandener Mann. Ich trete ein. Was ich sehe, ist vertraut und neu zugleich. Die Großeltern, Seite an Seite an einem Tisch, löffeln Erbsensuppe mit Würstchen. Großvater schlürft. Ich küsse Großmutter auf die Wange, setze mich zu ihnen, schaue ihnen beim Löffeln der Suppe zu. Zum Nachtisch gibt es Vanillepudding für uns drei und Gespräche über die Nachbarn, die Edwin und Ria alles Gute wünschen und die sie vermissen werden. Fast schaffen wir es, uns einzureden, alles sei wie immer, so normal, so selbstverständlich erscheint uns die Situation, die Gespräche und unser Beisammensein. Es fehlt nur, dass ich an der Heizung sitze.

Der krampfhafte Wunsch nach Gewohntem lässt uns glauben und hoffen, lässt Edwin das Neue gutheißen. Und als wenn all das nicht genug wäre, sagt Ria noch: »Wir haben es doch schön.«

»Ja, Mädchen, wir haben es schön«, sagt er. Der letzte Löffel Pudding. Er schmeckt süß. Ich lächle leise in mich hinein.

Mit einer Mischung aus Zuversicht und Hoffnung verabschiede ich mich von den Großeltern. Mein ungutes Gefühl im Bauch, das Grummeln, es ist leiser geworden. Vielleicht bin ich auch nur satter.

*

Ich treffe die Entscheidung ganz plötzlich. Als ich das Heim, Rias und Edwins neues Zuhause, verlasse. Ich will noch einmal zurück in die Wohnung, Reichhelmstraße 1. Es gibt keinen Grund dafür, keinen rationalen zumindest.

Es ist Samstagnachmittag, nicht viel los auf den Straßen.

Ich lasse mir Zeit. Ich weiß, es ist das allerletzte Mal, dass ich diesen Weg nehmen werde. Nächste Woche kommen die Ausräumer. Einen Nachmieter, so hat es mir die Vermieterin erzählt, gibt es wohl auch schon. So vieles verändert sich, denke ich, und doch einiges bleibt immer gleich. Der Bäcker, bei dem ich immer Kuchen gekauft habe, zum Beispiel, wenn ich Oma und Opa besucht habe. Noch immer dieselbe blonde, missmutige Frau hinter der Theke. Seit Jahren. Der Supermarkt, bei dem Oma mir, als ich klein war, immer Schokopudding gekauft hat. Ich durfte frühmorgens Zeichentrickserien schauen und meinen Pudding essen. Später, als sie selbst nicht mehr mit dem Auto fahren konnte, war ich es, die hier mit ihr einkaufen ging. Ria liebte es, einkaufen zu gehen. Früher streifte sie stundenlang mit Opa durch die Geschäfte, kaufte Kleidung, die sie nicht wirklich brauchte. Kaufte sie, weil Edwin fand, dass sie gut darin aussah. Wenn wir in den Supermarkt gingen, war es dasselbe. Wir kauften stets Sachen, die wir nicht brauchten. Nur so, zum Spaß. Unser Ziel waren die Auslagen vor der Kasse. Ein neuer Läufer für den Platz vor Großvaters Sessel, eine Kerze, Tassen. Wir fanden immer etwas. Es machte Ria glücklich. Anschließend setzten wir uns in die Stube zu Opa, aßen Mettbrötchen. Oma schmierte für uns alle. Messerdick Mett, darunter messerdick Butter. Ich habe sie nie zufriedener gesehen als in den Momenten, in denen sie, nach einem erfolgreichen Einkauf, ins Mettbrötchen biss. »Ist das lecker!«, sagte sie jedes Mal, als würde sie das beste Gericht der Welt essen. »Edwin, sag doch mal!« Edwin schaute dann hinter seiner Zeitung hervor, den Mund voll, Butter am Kinn. »Ja, schmeckt gut.« Und dann grinste er. So war es lange Zeit. Einiges verändert sich, einiges bleibt gleich.

Ich stehe in dem Zimmer, in dem wir immer Mettbrötchen aßen, der Wohnstube meines Großvaters. Es sieht aus, als wäre Edwin nur eben mal vor die Tür gegangen, nicht, als wäre er ausgezogen. Im Schrank stehen noch dieselben Bücher. Der Bildband über Thüringen, alte Romane. Die Schallplatten, geordnet im Regal. Die Fernbedienung liegt auf dem Tisch. Nur der Sessel fehlt. Als ich klein war, habe ich mich immer, wenn Großvater in seinem Sessel saß, auf Opas Füße gesetzt. Er musste mit ihnen dann so lange wippen, bis ich laut lachte. Dazu sang er: »So fahren die Damen, so reiten die Herren, so hoppelt der Bauer, plumps.« Bei Plumps ließ er mich sanft von seinem Fuß fallen. »Noch einmal«, habe ich gebrüllt. Vor Freude gequietscht. Opa konnte mir nichts abschlagen. Später, als ich größer war, habe ich nicht mehr auf seinen Füßen, sondern auf der Armlehne gesessen. Stundenlang Fußball geschaut, obwohl es mich nicht interessierte. Es war schön, bei Opa zu sein. Er roch nach Tannennadeln. Ich mochte das.

Ein paar Minuten verweile ich in Großvaters Zimmer, ziehe Bücher hervor und stelle sie wieder weg, mache Schubladen auf und wieder zu. Alles ist da, wo es immer war.

Warum bin ich hier?, frage ich mich still. Und kenne die Antwort doch schon längst.

In Großmutters Stube setzte ich mich auf das ausladende Sofa. Als ich ein kleines Kind war, damals, als meine Eltern sich haben scheiden lassen und meine Mutter oft nicht wusste, wohin mit mir, habe ich hier geschlafen. Ich bin jetzt 29 Jahre alt, das Sofa ist immer noch dasselbe wie vor über zwanzig Jahren. Manches verändert sich, manches bleibt gleich. Wenn ich abends mit Großvater aus dem Schrebergarten kam, hatte Oma mir schon das Abendbrot gemacht. Brote geschmiert, in kleine Häppchen geschnitten. Frischkäse mit Butter. Danach Heidelbeeren mit süßer Sahne.

Warum bin ich hier? Die Antwort ist so einfach.

Beim Streifzug durch die Küche entdecke ich Pfifferlinge, grüne Bohnen und Königsberger Klopse im Speiseschrank. Vorräte für Wochen. Im Kühlschrank stehen Marmelade, Sahne, Kakao, Becel. Salz und Pfeffer im Gewürzregal. Ich verstaue so viel Lebensmittel, wie ich tragen kann, in Tüten. An meinem alten Platz, auf dem Hocker vor der türhohen Heizung, lasse ich mich nieder, drehe mir eine Zigarette für den Heimweg. Der Heizkörper ist noch warm, erst vor ein paar Stunden habe ich ihn abgestellt, bevor ich Großvater ins Heim brachte. Ich drücke meinen Rücken durch. Restwärme. Das passt. Deshalb bin ich hier. Ich bin hier, weil dieser Ort für Geborgenheit steht. Weil ich hier mehr zu Hause war als irgendwo sonst. Weil ich nicht eine schlechte Erinnerung mit dieser Wohnung verbinde, nicht ein böses Wort. Ich kann mich nicht erinnern, dass ich meine Großeltern je lautstark habe streiten hören oder dass sie mich je angeschrien hätten. Ihre Welt war nicht perfekt. Aber fast.

Vielleicht sind meine Erinnerungen falsch. Vielleicht ist es so, dass die Zeit die Vergangenheit verklärt. Vielleicht war es aber auch wirklich so. So schön. So heile. Vielleicht war meine Oma wirklich die gute Fee und mein Opa ein Riese, der mit seinen starken Händen Berge versetzen konnte. Wer weiß.

Bevor ich gehe, nehme ich mir die selbstgehäkelte Decke auf Großmutters Sessel mit. Etwas von ihr. Restwärme.

*

Ein paar Tage später mache ich mich noch einmal auf in die Wohnung meiner Großeltern. Edwin hat mich gebeten, die Lampe aus Hirschgeweih zu holen. Er schenkt sie mir nicht, ich soll sie nur für ihn verwahren. Er will nicht, dass sie weggeschmissen wird. Das Geweih stammt aus Katzhütte. Sein Cousin hat den Hirsch für ihn geschossen. Der Leuchter, eine Erinnerung, die er liebgewonnen hat. Edwin weiß, er wird seine Geweihlampe nie wieder irgendwo aufhängen können, in eine eigene Wohnung wird er nicht mehr ziehen. Trotzdem soll ich sie für ihn aufbewahren. Gegen alle Logik.

Als ich den Schlüssel umdrehe und die Haustür zur Wohnung meiner Großeltern einen Spalt öffne, merke ich, dass etwas anders ist. Ich kann es riechen. Es stinkt nach Zigarettenrauch. Meine Großeltern sind Nichtraucher. Ich will Licht machen, doch als ich auf den Schalter drücke, bleibt die Lampe aus. Langsam bewege ich mich durch den fensterlosen Flur. Tappe im Dunkeln: Warum riecht es nach Rauch? Und warum geht kein Licht? Dann schaue ich nach rechts, in die Wohnstube von Großvater. Nur langsam wird mir klar, was ich da sehe. Nur langsam begreife ich die Zusammenhänge. Alle Türen der Eichenschrankwand stehen offen, auf dem Boden ein Wust von Büchern, Kassetten, Schallplatten und losen Blättern. Ich wate in das Zimmer hinein. An meinen Knöcheln liegen Roy Black, James Last und ein Bildband über Thüringen. Auf dem Marmortisch ein überquellender Aschenbecher. Die Einsicht kommt schnell. Keine Einbrecher. Die Ausräumer waren schon da. Haben vorsortiert. Das Gute vom Schlechten getrennt. Das, was man verkaufen kann, mitgenommen, das, was auf den Müll kommt, dagelassen. Der Leuchter aus Hirschgeweih ist abgenommen. Fehlt. Das Geweih war wertvoll. Ich ziehe die Luft zwischen den Zähnen ein. Für Großvater war jedes Stück hier teuer, alles hatte seinen Wert. Ich balle die Fäuste. Kämpfe mit der Wut. »Diese Scheißkerle!«, schreie ich laut in die Stille. Renne von Zimmer zu Zimmer.

Küche. Auf dem Küchentisch liegt eine angebrochene Packung Käse und aufgeschnittene Salami, die Gute aus Thüringen, die Herren haben sich bedient. Die Uhr, die an der Wand hing, liegt auf dem Boden. Kurz vor elf zeigen die Zeiger.

Omas Wohnstube: Tischdecken auf der Erde, das gute Rosengeschirr, zerbrochen. »Euch mach ich fertig!«

Schlafzimmer: Die gesamte Kleidung liegt auf dem Fußboden, die Schränke sind leer, die Bettwäsche ist durchwühlt, die Matratze hochgeklappt. Die Männer haben nachgesehen, ob Geld darunter liegt. »Ihr Schweinehunde!«

Wieder zurück zur Küche. Zigarette in der Nichtraucherwohnung. Jetzt ist es auch egal. Ein tiefer Zug. Ich sauge die Zigarette ein, esse sie fast. »Wo ist mein Handy?« Zittrige Hände, vor Wut. Beim dritten Versuch stimmt die Nummer.

»Papa, ich bin es. Diese Mistkerle waren hier. Es sieht aus wie nach einem Einbruch. Ach, schlimmer.«

Zigarettenzug. Geräuschvolles auspusten.

»Und Opas Lampe ist weg. Ich will sie wiederhaben!«

Vater beruhigt. »Die Ausräumer dürfen das. Der Auftrag war freigegeben.«

Dennoch: Die Lampe ist verloren. »Ich will die Lampe wiederhaben«, brülle ich ins Telefon. Dabei geht es gar nicht um die blöde Lampe. Es geht um viel mehr. Darum, dass fremde Männer hier gewesen sind. Alles durchwühlt haben. Mit ihren schmutzigen dicken Fingern. Wie Einbrecher. Das sind sie auch. Einbrecher. Sie sind eingebrochen in etwas, das mir vollkommen erschien. Haben es zerstört.

»Ich will die Lampe wiederhaben!« Meine Stimme klingt quengelig, ich höre mich an wie ein kleines Kind, und so fühle ich mich auch. Hilflos. Ich weiß, es ist zwecklos. Es ist zu spät. Ich kann es nicht mehr ändern.

Ich kann den Lauf der Zeit nicht aufhalten. Nicht hier in dieser Wohnung und auch sonst nirgendwo. Es stimmt nicht, dass manches sich verändert hat und einiges gleich geblieben ist. Alles hat sich verändert, nichts ist gleich geblieben. Es spielt keine Rolle, wie sehr ich an Vergangenem festhalten will, es funktioniert nicht. Nicht mehr. Die Wohnung ist verwüstet, mein Großvater ist ein alter Mann, meine Oma ist dement. Sie wohnen nicht mehr in einem Zuhause, sondern in einem Pflegeheim. Da kann auch kein noch so harmonisches Mittagessen, keine Erbsensuppe mit Würstchen, drüberwegtäuschen. Großvater wird von Tag zu Tag gebrechlicher werden, Großmutter vergesslicher.

Mein Kopf hat das alles längst begriffen. Der Kopf ist nicht mein Problem. Es ist das Herz.

Das Telefongespräch mit meinem Vater ist schon längst beendet, als ich endlich meine Jacke anziehe, mit nichts in der Hand. Hier gibt es nichts mehr mitzunehmen als ein paar Erinnerungen. Und nichts anderes zu bewahren. Ich betrachte noch einmal den Flur, die Küche, die Wohnstube von Opa, die Wohnstube von Oma. Wenn die Wohnung renoviert ist, wird sie gut aussehen, denke ich. Die alten Ziehharmonikatüren, die Risse in der Decke, die an den Ecken schon nicht mehr so feste Tapete. In den letzten Jahren wurde hier nichts gemacht. Jahrelanger Stillstand. Sie hat es nötig. Es wird Zeit, nicht nur für die Wohnung. Ich schließe den Reißverschluss an meiner Jacke, gehe Richtung Tür.

10

Irgendwann Ende der fünfziger Jahre. Ria lag am Boden. Das Gesicht zur Seite, die Augen zu. Langsam zählte sie bis zehn. Dann bis zwanzig. Ria zählte stumm, kein Laut drang aus ihrem Mund. Fünfundsiebzig, sechsundsiebzig, siebenundsiebzig. Vorsichtig öffnete sie ihre Augen, horchte. Aus dem Nebenzimmer hörte sie ihn schnarchen. Er war eingeschlafen. Für heute war es vorüber. Als sie sich erhob, spürte sie den Schmerz im Rücken. Dort, wo er sie geschlagen hatte.

Nur ein paar Monate nach Edwins Hochzeit hatte sie ihn kennengelernt. Friedel. Ein Freund des Freundes ihrer Schwester. Ein hochgewachsener Mann, wie Edwin. Braune Augen, braunes Haar. Ein Schönling. Ihre Freundinnen waren neidisch, als er mit ihr tanzen wollte. Ria hatte eigentlich keine Lust. Sie war in Trauer. Um ihre Liebe. Um ihr Glück. Edwin war schon bald nach seiner Heirat mit Irmgard aus der Wohnung seines Onkels ausgezogen. Nicht weit von seiner Arbeitsstelle in der Eisengießerei hatte er eine Wohnung gefunden. In Laatzen, ein Stadtteil neben ihrem. Auch wenn es unsinnig erschien, Edwins Auszug war keine Erleichterung für sie gewesen. Im Gegenteil. Erst als Edwin weg war, als er körperlich nicht mehr anwesend war, verstand auch ihr Herz, dass es vorbei war. Endgültig.

Um sich abzulenken, hatte sie mit Friedel getanzt. Edwin hatte sie immer gedreht, bis ihr Rock hochflog, Friedel tat das nicht. Aber er war charmant, machte ihr die Komplimente, die sie so dringend brauchte. Er war ihr Trost. Und Ria ließ sich trösten. Sie wurde schwanger. Es war nicht geplant. Aber Friedel wusste, was sich gehörte. Ein Jahr, nachdem sie Edwin verloren hatte, stand sie mit Friedel vor dem Traualtar. Da war sie im fünften Monat schwanger. Ein paar Wochen später, der erste Streit. Friedel kam gerade aus der Kneipe zurück. Voll wie zwei Eimer war er. Ria war sauer, dass er so spät nach Hause kam, Friedel wollte sich keine Vorschriften machen lassen. Erst schrien sie sich an. Als Ria nicht verstummte, schlug er sie. Grün und blau. Ein Versehen, sagte er am nächsten Morgen. Es werde nie wieder passieren, versprach er. Ria glaubte ihm. Wollte ihm glauben. Sie trug sein Kind in ihrem Bauch.

Eine Zeitlang ging es gut. Als Horst, ihr Sohn, geboren wurde, war Friedel stolz. Ria war zufrieden. Manchmal war sie auch glücklich. Sie hatte Edwin nicht vergessen, aber es schmerzte nicht mehr, wenn sie an ihn dachte. Sie hatte ihren Mann, ihr Kind. Das war ihr Leben.

Alles begann, als die Ärzte ihm sagten, dass sie sein Bein abnehmen müssten. Eine Infektion, wahrscheinlich eine Folgekrankheit aus der Kriegszeit. So genau hatte Ria damals nicht zugehört. »Das Bein ist nicht mehr zu retten«, hatten die Ärzte gesagt. Bis zum Oberschenkel hatten sie es ihm amputiert. Geweint hatte Friedel damals um sein Bein, geschrien, als die Phantomschmerzen kamen. Die Prothese, die sie ihm gaben, passte erst nicht richtig. Wochenlang humpelte er durch die Wohnung, fiel oft hin, fluchte. Nach der Wut kam das Selbstmitleid. Friedel ertrank darin, ertränkte es in Alkohol. Jeden Tag schickte er Ria los zum Bierholen, schmiss die Prothese durch die Wohnung. Es wird besser werden, sagte Ria sich. Er wird sich dran gewöhnen. Ria irrte. Männer, wie Friedel einer war, konnten sich nicht daran gewöhnen, eine Behinderung zu haben. Niemals. Friedel hatte im Krieg gedient. Wie Edwin. Aber im Gegensatz zu Edwin war Friedel ein treuer Anhänger der Faschisten gewesen. Ein Nazi. Durch und durch. Noch immer hing der Ledermantel vorne an der Garderobe, Adolf Hitlers Mein Kampf lag auf dem Nachttisch. Friedel glaubte, dass die »deutsche Rasse« mehr wert wäre als alle anderen. Und dass Krüppel nichts wert wären. Krüppel, wie er. Deshalb trank er. Und wenn er trank, schlug er Ria.

Nicht immer war es so schlimm wie vorhin, als er sie fest, so feste in den Rücken schlug. Manchmal hatte Ria auch Glück im Unglück. Dann beschimpfte Friedel sie mit Worten, so lange, bis sie sich eilig ihren Sohn schnappte und aus der Wohnung floh. »Ja, verschwinde nur, du Miststück!«, schrie Friedel ihr dann nach, humpelte zur Wohnungstür, schloss ab. Stundenlang lief sie mit ihrem Sohn Horst durch Döhren. Im Sommer, im Winter, bei Regen, bei Schnee. Bis sie sicher war, dass das Bier, die Flasche Wein, der Korn oder was auch immer, alle war und Friedel schlief. Erst dann half sie Horst über die Mauer zum Innenhof. Das Badezimmerfenster, gerade groß genug für einen schmalen Jungen, war angelehnt. Immer. Weil sie nie wusste, wann sie fliehen musste, nie wusste, wann er sie aussperrte.

Ria biss sich auf die Lippen. Die Schmerzen im Rücken, dort an der Stelle, wo Friedel sie geschlagen hatte, wurden nicht besser. Jedes Mal, wenn sie sich bückte, auch nur, wenn sie sich anzog, war es zum Schreien. Es half alles nichts. Sie würde zum Arzt gehen müssen. Wenn der Doktor sie fragte, was passiert sei, würde sie einfach sagen, sie wäre gefallen. Das Übliche eben.

Es war noch früh am Morgen, als sie sich auf zum Doktor machte. Ihr Sohn war bereits auf dem Weg zur Schule, Friedel war noch nicht von der Nachtschicht zurückgekehrt. Seit sein Bein amputiert wurde, arbeitete er nicht mehr in der Gärtnerei seines Großvaters wie vor der Krankheit. Er schob jetzt Nachtschichten in einem Krankenhaus. Als Pförtner. Oft ging er nach der Arbeit noch einen trinken, kam meistens erst mittags nach Hause. Ria würde genug Zeit haben, das Mittagessen würde pünktlich auf dem Tisch stehen.

*

Edwin erwachte mit Kopfschmerzen. Der Hals tat ihm weh. Er fühlte sich matt. Seit Tagen war ihm unwohl gewesen. Jetzt fühlte er sich elend. Von unten aus der Küche hörte er Irmgard rumoren, sie war also schon wach. Gleich würde sie nach oben kommen, ihn wecken mit einem Kuss, der so lieblos war wie ihre Ehe. Ein paar Jahre waren sie nun schon verheiratet. Aus der Vernunftehe war keine Liebe geworden. Sicher, sie hatten ein Kind zusammen, sie teilten Bett und Tisch miteinander, am Wochenende gingen sie manchmal aus. Nein, es ging ihnen gut zusammen. Nur Liebe war es eben nicht.

Wenn Edwin im Sommer mit seinem Sohnemann nach Katzhütte fuhr, in die DDR, kam Irmgard manchmal nach. Manchmal kam sie gar nicht. Sie hasste die Einöde dort, war es leid, stundenlang mit Edwin durch die Wälder zu wandern. Außerdem wollte sie nicht in einem Land Urlaub machen, in dem es kaum etwas gab und in dem man stundenlang anstehen musste, um das wenige zu kaufen. Edwin verstand das, mehr noch: Es war ihm auch ganz recht. Er vermisste es nicht, seinen Urlaub mit seiner Frau zu verbringen. Er vermisste sie nicht.

»Edwin, du musst aufstehen, du kommst zu spät.« Irmgards Stimme, der schnelle Kuss.

Edwin hustete. »Ich glaub, ich bin krank.«

*

Die Praxis war noch leer, Ria würde nicht lange warten müssen. Im Warteraum nahm sie Platz, griff sich ein paar Illustrierte, da wurde sie auch schon aufgerufen. Die Untersuchung verlief wie üblich. Ria, die von einem Sturz erzählte. Der Arzt, der ihr nicht glaubte. Eine Spritze. Ein Händedruck. So weit, so gut. Doch dann, die mitfühlenden Augen des Doktors. Ein Blick, dem sie nicht standhielt, weil sie ihn nicht ertrug. Ein Blick, wie der ihrer Mutter – wissend.

Es war Friedel, der Ria schlug, aber Ria war es, die sich dafür schämte. So sehr, dass sie versuchte, es geheim zu halten. Sie schrie nicht, wenn es passierte, damit die Nachbarn sie nicht hörten. Ihre Kleidung wählte sie stets so, dass alle verräterischen Stellen verdeckt waren. Meistens gelang ihr Versteckspiel. Nur selten fragten die Nachbarn nach, warum es denn gestern so laut gewesen sei, nie sah jemand ihre blauen Flecken. Bis auf den Doktor. Dem konnte sie nichts vormachen. In all den Jahren. Sosehr sie sich auch bemühte.

»Es geht schon viel besser«, beteuerte Ria, die nur eins wollte: raus. Raus aus der Situation. Raus aus dem Sprechzimmer. Raus aus der Praxis. Sie hatte es fast schon geschafft, die Tür des Sprechzimmers hatte sie hinter sich geschlossen. Nur kurz rüber zur Garderobe, an der ihre Jacke hing.

Edwin erblickte sie als Erster. Als die Tür zum Sprechzimmer sich öffnete, hatte er aufgeschaut, erwartet, dass der Doktor ihn nun aufrufen würde. Doch statt des Arztes sah er sie. Sein Mädchen.

In dem Moment, in dem Ria Edwin im Wartezimmer sah, wurden ihre Beine zittrig. So erzählte sie es mir Jahrzehnte später. »Ich dachte, ich würde umkippen. So schwindelig hat er mich gemacht«, sagte sie immer, so als wäre die Geschichte damit beendet. »Und? Was ist dann passiert?«, fragte ich. Oma zögerte. Genierte sich. »Dann ist die große Liebe über uns gekommen«, sagte sie. Mehr nicht. Nur manchmal, wenn Oma gut drauf war, erzählte sie mir mehr. Ein paar Details darüber, was in den ein bis zwei Stunden danach passierte. Nichts Anrüchiges und auch nichts, was man seiner erwachsenen Enkelin nicht erzählen könnte. Dennoch: Nie im Leben hätte sie fremden Menschen davon erzählt. Es gehörte sich ihrer Meinung nach einfach nicht. Deshalb: Als Ria Edwin im Wartezimmer erblickte, zitterten ihr die Knie. Gemeinsam verließen sie die Praxis. Dann kam die große Liebe über sie.

Es war bereits Mittag, als Ria nach Hause kam. Als sie den Schlüssel ins Schloss steckte und merkte, dass er sich zweimal rumdrehen ließ, atmete sie erleichtert auf. Friedel war also noch nicht von der Nachtschicht heimgekehrt. Wenn sie Glück hatte, würde er gar nicht bemerken, dass sie außer Haus gewesen war. Hastig zog sie ihren Mantel aus, holte die Kartoffeln aus der Speisekammer, setzte sich an den Küchentisch und fing an sie zu schälen. Ihre Hände waren flink, der Topf war halb gefüllt, als die Haustür ging und sie Friedels Stimme hörte.

»Ria!«

»Ja?«

»Komm und hilf mir.«

Schnell legte Ria das Messer beiseite. Hastete in den Flur. Betete, dass Schnaps und Bier ihn diesmal müde und nicht wütend gemacht hatten. Als sie vor Friedel kniete, ihm aus den Stiefeln half wie immer und er sich zu ihr hin-

unterbeugte, bemerkte sie, dass sein Atem nach rein gar nichts roch. Kein Bier. Kein Wein. War Friedel nüchtern? Und wenn er nichts getrunken hatte, wo war er dann den ganzen Vormittag gewesen? Ria schluckte die Frage runter.

»Das Essen ist noch nicht fertig«, sagte sie.

»Ich bin müde«, sagte Friedel. »Weck mich, wenn es fertig ist.«

Ria stellte die Stiefel in den Schrank. Friedel hatte nichts bemerkt. Er war nicht böse gewesen. Nicht einmal betrunken. Seufzend ging Ria in die Küche und setzte sich an den Tisch. Da saß sie nun mit den halbfertig geschälten Kartoffeln in der Hand und, ohne dass sie es wollte, ihrem schlechten Gewissen im Kopf.

*

Jahre später. An einem Samstagmittag.

»Was ist das?«, fragte Friedel und schaute grimmig auf den Teller, den Ria ihm hingestellt hatte.

»Das sind Bratkartoffeln.«

Friedel stieß den Teller weg.

»Ich will diesen Scheiß nicht, ich will ein Kotelett.«

»Ich habe kein Kotelett gekauft. Ich mach dir die Tage eins.«

Essen und Teller landeten auf dem Fußboden.

»Ich will ein Kotelett!«

»Friedel, ich würde dir gerne eines braten, aber die Geschäfte haben schon zu.«

»Dann musst du eben zum Bahnhof gehen und dort einkaufen. Da haben die Läden ja wohl noch offen, oder nicht?!« Ria antwortete nicht. Sie kniete auf dem Boden, wischte wortlos die Bratkartoffeln zusammen. Als sie alles sauber gemacht hatte, zog sie ihre Schürze aus, Mantel und Schuhe an. Sie würde zum Bahnhof fahren. Etwas anderes

war schlicht undenkbar. Nur einmal in den letzten Monaten hatte sie es gewagt, sich Friedel zu widersetzen. Am Ende war er ihr auf dem Roller ihres Sohnes hinterhergefahren, während Ria um ihr Leben rannte. Friedel hatte eine Axt in der Hand.

Zwei Stunden brauchte Ria, bis sie vom Bahnhof zurückkam. Stellte sich an den Herd, briet ihm sein Kotelett. Währenddessen schlief Friedel schnarchend auf dem Sofa, er hatte in der Zwischenzeit schon ein paar Bier getrunken. Als Ria Friedel sein Essen brachte, erwachte er.

»Was ist das?«

»Dein Kotelett. Ich bin zum Bahnhof gefahren und …«

»Was soll das? Ich habe keinen Hunger«, sagte Friedel. Dann drehte er sich um und schlief wieder ein.

Ria blickte auf ihren Mann, auf das Essen, das nun kalt wurde, auf die Bierflaschen auf dem Wohnstubentisch. Sie schaute sie sich an, die Hölle, in der sie lebte und aus der es kein Entrinnen gab. Sie war seine Ehefrau. Bis dass der Tod euch scheidet. Ria konnte Friedel nicht verlassen. Selbst wenn er sie gehen ließ, selbst wenn er sie nicht totschlug, eine Frau alleine mit einem Kind, das ging nicht. Nicht zu jener Zeit. »Wenn er doch nur aufhören würde zu trinken«, dachte Ria, obwohl sie es besser wusste. Friedel würde nie aufhören zu saufen. Selbst die Worte des Arztes hatte er ignoriert. »Wenn Sie weiterhin auf die Tabletten so viel Alkohol trinken, wird es Sie umbringen«, hatte der Doktor gesagt. Ria wusste, dass Friedel oft starke Schmerzmittel nahm. Angeblich gegen die Schmerzen in seinem Bein. Zusammen mit dem Alkohol, so hatte es der Doktor gesagt, würde das seine Leber und mit der Zeit auch sämtliche anderen Organe zerstören. Doch die Warnung vor dem Tode hatte Friedel nicht etwa bekehrt, er hatte sich lediglich entschieden, weniger Hochprozentiges zu trinken. Friedel trank keinen Schnaps mehr. Er war jetzt um-

gestiegen auf Bier und Wein. Das heißt, eigentlich hatte sich Friedel nicht wirklich entschieden, keinen Schnaps mehr zu trinken, Ria hatte nur aufgehört, ihm welchen zu kaufen. Denn wenn die Schnapsflasche erst einmal auf dem Tisch stand, würde er sie trinken. Wie jeder Alkoholiker. Er wird nie aufhören zu trinken, dachte Ria. Dachte zurück an all die Jahre, in denen er es ihr immer wieder versprochen hatte. In denen sie ihn immer wieder gebeten, ja darum angefleht hatte. Alles vergebens. Und dann dachte sie noch etwas, so deutlich und klar wie nie zuvor: Er wird nie aufhören, mich zu schlagen.

Vielleicht war es schon der nächste Tag, als Ria den Entschluss fasste, vielleicht auch nicht. Es ist schwer zu sagen, wie lange Ria mit sich gerungen hat, wie lange sie hin und her überlegte, bis sie sicher war, dass es keinen anderen Ausweg mehr gab. Aber irgendwann, als sie wieder einmal für Friedel einkaufen ging, entschied sie, dass es nun gut sei. Von nun an kaufte Ria ihm kein Bier mehr. Von nun an kaufte sie Schnaps.

11

Hilfe, Hilfe, der bringt mich um! Der schlägt mich tot!«

Rias Schreie hallen durch das Zimmer, hinaus in den Flur, in die Küche, den Aufenthaltsraum, den Speisesaal – bis in alle Winkel hinein.

»Warum hilft mir keiner?«

Meine Großmutter windet sich in ihrem Rollstuhl, ihr Körper bebt vor Angst, schützend hält sie ihre Hände vor ihr Gesicht. Sie schreit in der Hoffnung, dass einer der Zimmernachbarn sie hört oder eine Schwester vielleicht, die sie beschützt vor den Schlägen und Tritten, die nur sie kommen sieht. Neben Ria steht Edwin, einen Schuhlöffel in der Hand. Er ist aus seinen Slippern gerutscht.

»Ria, ich bin es.« Edwins Worte sind sanft. »Ich, dein Edwin, nicht Friedel. Ria, Mädchen.«

Voller Furcht schaut sie ihn an. Sieht ihm direkt ins Gesicht und sieht ihn doch nicht.

Noch einmal versucht Edwin sie zu beruhigen, streicht ihr über das dünne, weiße Haar, das wie Flusen auf ihrem Kopf liegt. Dann gibt er auf und geht aus ihrem Zimmer. Es ist hoffnungslos. Sie ist irgendwo in der Vergangenheit, da, wo er sie nicht erreichen kann. In ein paar Stunden, wenn sie gemeinsam beim Mittagessen sitzen, wird sie es vergessen haben. Wie immer. Manchmal, ganz heimlich, wünscht sich Edwin, auch er wäre dement. Dann könnte er vergessen, wie sie ihn ansieht, wenn sie glaubt, er wäre Friedel, könnte vergessen, wie sie sich vor ihm fürchtet. Aber so ist es nicht. Das Bild von Ria in ihrem Rollstuhl, die sich windet vor Angst, begleitet ihn. Tagelang. Es zehrt an ihm, es schleicht sich in seine Träume, es lässt ihn nicht mehr los.

Es ist ein Tag im Winter, zwei Wochen nach Edwins Einzug ins Pflegeheim, an dem Ria um ihr Leben schreit. An dem Ria ihn, ihren Edwin, für einen Mann hält, der er nicht ist und der schon lange keine Rolle mehr in ihrer beider Leben spielt. Ein Tag im Winter, an dem Edwin sich fragt, wie lange er noch durchhalten kann, und er denkt, dass sie vielleicht doch nicht wieder gesund werden wird.

An einem anderen Tag kommt er zu ihr ins Zimmer. Edwin ist guter Laune, erst gestern war er mit Ria spazieren. Es war endlich mal wieder schön zwischen ihnen. Keine Beschimpfung, kein böses Wort. Eine Stunde ist er mit ihr im Rollstuhl durch das Leine-Center gefahren, ein Einkaufszentrum nicht weit vom Pflegeheim entfernt. Gemeinsam mit einer Pflegerin haben sie die Auslagen der Geschäfte bestaunt, Edwin hat sich ein neues Paar Socken gekauft, für Ria einen neuen Schal, in Lila.

Edwin ist frohen Mutes. Pfeift, während er langsam mit dem Stock in der Hand den Flur entlanggeht. Als er das Zimmer betritt, sitzt sie im Rollstuhl vor ihrer Kommode, durchwühlt ihre Schublade, ihre Unterhosen, ihre Strümpfe.

»Was suchst du denn?«, fragt er leichthin, während er die Tür hinter sich schließt.

Ria schaut zu ihm hoch, ihr Gesicht ist zu einer hässlichen Fratze verzerrt, die Augen sind schmal wie Schlitze.

»Du hast mein Geld gestohlen!« Ihr zittriger Finger zeigt auf Edwin.

»Ria, was redest du denn?«, fragt Edwin. In ihren Augen sieht er nur Wut. Mehr noch: Hass. Das Glück von gestern, die schöne Stunde, das alles ist auf einmal wie ausgelöscht.

»Du hast mein Geld gestohlen«, wiederholt Ria, noch immer den Finger auf ihn gerichtet.

»Ria, ich hab in meinem ganzen Leben noch nie einen Penny von dir genommen!« Laut hallen seine Worte durch die Gänge des Heimes. Edwins Sanftheit ist verflogen. Aufgebraucht. Jetzt schreit er sie an. Vielleicht versteht sie ja dann, denkt er. Vielleicht kommt sie so ja endlich zur Vernunft. Doch Edwins Worte, ob leise oder laut, dringen nicht mehr durch in diese Welt, in der sie immer mehr zu Hause ist. Eine Welt, in die Edwin ihr nicht folgen kann, selbst wenn er bei ihr ist.

Später. Nachmittags. Edwin und Ria sitzen beide im Aufenthaltsraum. Edwin liest seine Zeitung. Bis auf das Rascheln beim Umblättern der Seiten ist es still. Die Bewohner dämmern vor sich hin. Selbst der Papagei in seinem Käfig schweigt. Ria sitzt Edwin gegenüber. Als Edwin seine Zeitung umblättert, schaut er sie an. Er lächelt. Sie auch. Dann beugt sie sich zu ihrer Tischnachbarin. Eine völlig fremde Frau, mit der sie bisher noch nie gesprochen hat. Ria legt der Fremden die Hand ans Ohr, so als wolle sie ihr ein Geheimnis verraten, als wolle sie flüstern. Doch Ria hat ihre Hörgeräte nicht eingeschaltet. Das, was ein Flüstern werden sollte, ist laut für alle hörbar: »Mein Mann hat immer Frauen bei sich. Jede Nacht sitzen sie auf seinem Schoß. Er denkt, ich sehe das nicht. Aber ich sehe das.«

Edwin legt seine Zeitung beiseite. Dann steht er auf und geht. In seinem Rücken die Blicke der Frauen. Vor ein paar Stunden noch hat er Ria angeschrien. Jetzt bleibt er stumm.

Er hat keine Worte mehr für diese Frau, die einmal seine war.

Edwin schaut sich nicht nach ihr um, als er geht. Vorbei an der Küche, dem Schwesternzimmer. Vorbei an Rias Zimmer den Flur entlang zu dem Raum, in dem er nun wohnt. Er nimmt die beige Lederjacke vom Bügel, sein Hut liegt oben auf dem Schrank. Das Wetter ist nicht besonders, es ist Herbst, kein goldener, eher ein grauer, aber Edwin braucht jetzt frische Luft. Zeit zum Nachdenken. Schon als er den ersten Fuß vor die Tür setzt, spürt er den kalten Wind im Nacken. Edwin schlägt den Kragen hoch. Warum macht sie das nur?, fragt er sich, während er die Straße in Richtung der großen Kreuzung hinunterläuft. Erzählt fremden Menschen, ich würde andere Frauen haben. Fremden Menschen! Warum demütigt sie mich so? An der Kreuzung geht er rechts runter. Edwin will nicht weit laufen. Das schafft er körperlich nicht. Nur einmal ums Eck. Nur einmal hinaus. Raus aus der Situation. Mensch, Mädchen, denkt Edwin, ich erkenne dich gar nicht mehr. Ria ist nur noch selten die seine. Meistens ist sie jetzt eine andere. Seine Ria ist herzlich, gutmütig, umsorgend. Sie hätte nie geglaubt, dass er ihr Geld stehlen würde oder dass er andere Frauen bei sich habe. Aber diese Ria tut das. Diese Ria ist bösartig und undankbar.

Der Wind hat zugenommen. Edwin stemmt sich dagegen. Sie meint es ja nicht so, sagt er sich. Früher hat ihm dieses Wissen immer geholfen, über den Schmerz hinwegzukommen. Damals, als sie noch alleine gewohnt haben. Zusammen. Als sie ihn zwar beschimpfte, aber nicht jeder es hören konnte, so wie jetzt. Als er wenigstens noch in seiner gewohnten Umgebung war, die er kannte und mochte. Jetzt ist alles fremd: das Heim, die anderen Bewohner, die Pfleger, das Essen. Nichts fühlt sich mehr nach Zuhause an. Auch Ria nicht. Wie soll ich damit fertig werden?, fragt Edwin sich. Er muss ihr verzeihen. Anders geht es nicht. Aber er weiß nicht, wie lange er das noch kann. Wie oft. Edwin biegt wieder rechts ab, die Seitenstraße zum Heim zurück. Sein Kopf hängt so tief, wie die Verletzung geht. Wie lange soll ich das noch ertragen? Er findet keine Antwort. Edwin steht wieder vor dem Eingang des Heimes. Er hebt den Kopf, atmet tief durch. Solange es geht, sagt er sich. Aber wie lange geht es noch?

Seine Gedanken drehen sich im Kreis, wie die Runde, die er läuft, wenn es ihm zu viel wird. Edwin geht hinein, ins Heim, fährt in den ersten Stock, geht auf sein Zimmer. Edwin will nicht mehr denken. Er will Ria heute nicht mehr verzeihen. Vielleicht morgen. Mal sehen. Er will sich nur noch hinlegen und schlafen. Edwin ist müde. Unendlich müde.

Am nächsten Tag bleibt Edwin alleine auf seinem Zimmer. Am übernächsten auch. Und an dem danach. Edwin will nicht mehr bei Ria sein. Er will nicht mehr ihre Hand halten und ihr sagen, dass alles wieder gut wird. Ihm fehlt die Kraft. Die letzten Tage und Wochen haben ihm alles abverlangt. Lieber sitzt er alleine in seinem Zimmer, liest Zeitung, schaut fern. Edwin ist einsam. Eigentlich müsste er nicht allein sein. Er könnte beim Sitztanz mitmachen und sich wie die anderen Bewohner vormittags die Zeitung vorlesen lassen. Aber das ist alles nichts für ihn. Edwin liest seine Zeitung lieber selbst und tanzen tut er immer noch im Stehen und nicht im Sitzen. Edwin ist nicht hier, weil er ein Programm will, und er will auch keine neuen Freundschaften mit den Bewohnern schließen. Edwin ist in das Heim gezogen, weil er bei Ria sein wollte. Nun will er nicht einmal mehr das. Neulich hat er eine der Pflegerinnen gefragt, was er tun könne, damit es besser wird. Mit Ria und ihrer Wut, ihren Demütigungen. Mit ihrer Krankheit. Ein letzter Hoffnungsschimmer. Die Pflegerin hat ihn lange angeschaut. »Herr Ludwig«, hat sie gesagt, »das wird nicht besser, das wissen Sie doch, oder?« Da hat Großvater aufgehört zu hoffen.

*

So vergehen die Tage und Wochen. Der erste Schnee fällt. Es ist Dezember geworden. Weihnachten. Zum Fest der Liebe finden auch wir uns im Pflegeheim ein. Mein Vater, seine Frau und ich. So lange ich denken kann, haben wir uns am Nachmittag an Heiligabend bei den Großeltern getroffen. Edwin hatte in seinem Zimmer einen kleinen Baum aufgestellt. Eigentlich war es nur ein abgeschnittener Ast von einer der Tannen im Schrebergarten. Stets krumm und schief und mit zu viel Lametta und bunten Kugeln behängt. Unter dem Baum stand die kleine Krippe, die Opa und ich gemeinsam gebastelt haben. Aus Holz und Kunstrasen. Vor langer Zeit. Bei Oma in der Stube haben wir Kaffee getrunken, bis Opa mit der Glocke läutete, das Christkind ist da. Dann rüber in Opas Stube, ein Glas Sekt, Geschenke auspacken. Jedes Jahr dasselbe Ritual, jedes Jahr derselbe Streit. Opa, der die zweite Flasche Sekt öffnen wollte, Oma, die protestierte, mein Vater, der sagte, er müsse noch fahren. Also kein Sekt. »Na gut, dann eben nicht«, sagte Opa irgendwann. Enttäuscht und bockig wie ein kleines Kind. Am Ende ließ Ria ihn dann doch, es war ja schließlich Weihnachten.

Dieses Jahr feiern wir im Besucherraum am Ende des Flurs. Unter dem Afrikaholzschild, auf der abgewetzten Ledercouch. In der Ecke steht ein Tannenbaum. Klein und gerade und mit Strohsternen daran. Den Kuchen haben wir mitgebracht, Sekt darf man im Pflegeheim nicht trinken. Alkoholverbot. Auch an Weihnachten. Es ist nicht wie früher und trotzdem, eigentlich könnte es schön sein. Großmutter lacht, als sie mich sieht. Sie hat ihre beste Bluse an, trägt ihren guten Schmuck. Sie sieht viel besser aus als letztes Mal, denke ich, als ich ihr zur Begrüßung einen Kuss auf die Wange drücke. Hose und Bluse spannen. Sie hat zugenommen. Ihre Wangen sind rosig.

»Wo ist Opa?«, frage ich, ein wenig außer Atem. Ich bin wie immer etwas spät dran, die Feier ist schon im Gange. Niemand antwortet. Auch Oma sagt nichts, sitzt nur da, lächelt.

»Er ist in seinem Zimmer«, sagt mein Vater schließlich, während er meiner Großmutter ein Stück Kuchen gibt.

»Ich hole ihn schnell«, sage ich.

Als ich die Tür zu Großvaters Zimmer öffne, brauche ich einen Moment, bis ich ihn entdecke. Ganz hinten in der Ecke, am Tisch, eingeklemmt zwischen Bett und Fenster, nur die Tischlampe ist eingeschaltet, sitzt Edwin im Halbdunkel in seinem guten Anzug. Ich trete ein, wir umarmen uns, wünschen uns frohe Weihnachten.

»Opa, warum bist du nicht drüben bei Oma und den anderen?«, frage ich, während ich mich aus seiner Umarmung löse. Großvater setzt sich wieder auf seinen Stuhl, verschränkt die Arme.

»Ich will nicht.«

»Warum denn nicht?«

»Weil ich nicht will!«

»Aber Opa, es ist Weihnachten.«

Edwin schweigt. Ich merke, es bringt nichts, jetzt mit ihm zu diskutieren. Mein Opa ist ein Dickkopf. Wie ich. Da sind wir uns ähnlich, auch wenn wir nicht verwandt sind. Wenn wir nicht wollen, wollen wir nicht. Ich gebe also nach, setze mich an den Tisch auf den Stuhl neben ihm.

»Hier«, sagt Edwin und zeigt auf ein Paket, das auf dem

Tisch steht, daneben liegt eine Weihnachtskarte. »Aus Thüringen.«

Ich nehme die Karte, lese die wenigen Zeilen: »Ich wünsche Euch frohe Weihnachten. Ich denke gern an die schönen Stunden mit Ria und Dir. Dein Horst.«

Horst ist Opas Cousin aus Katzhütte. Zu ihm sind die Großeltern in den Urlaub gefahren, mit ihm und seiner Frau haben sie ihren Jahrestag gefeiert. Und jedes Jahr zu Weihnachten schickt Cousin Horst Thüringer Wurst, Mettwurst. Ich schaue in das Paket. Mettwurst.

»Schön«, sage ich. »Und nun komm, wir gehen zu den anderen.«

»Geh du, mir ist nicht nach feiern zumute«, sagt er.

»Warum bist du so traurig?«, frage ich. Opa antwortet nicht, starrt nur auf die Wurst. Das ist seine Antwort. Ich verstehe ihn. Wochenlang hat er Rias Angriffe ertragen, sich immer wieder aufgerappelt, Mut zugesprochen, Kraft gelassen. Und jetzt das. Das Paket von seinem Cousin. Ein altes Ritual aus einer Zeit, in der Ria und Edwin noch ein glückliches Paar waren. Es ist eine Mettwurst, die ihm den Rest gibt.

»Opa?«

»Mhm.«

»Ich habe uns etwas mitgebracht«, sage ich und hole aus meiner Handtasche eine Piccoloflasche Sekt und zwei Pappbecher. Heimlich habe ich den Sekt ins Heim geschmuggelt, um Edwin eine Freude zu machen. Ich öffne den Schraubverschluss, schenke ein.

»Frohe Weihnachten, Opa.«

»Frohe Weihnachten, Nadine.«

Wir stoßen an. Es klingt nicht. Ich fange an zu plaudern, weil ich die gedrückte Stimmung nicht aushalten kann und will. Ich erzähle von meinen Silvesterplänen. Davon, dass ich mit Freunden und Tino eine kleine Hütte direkt am

See gemietet habe. Mit einem kleinen Garten, fast so wie der, den die Großeltern einmal hatten. Edwin tut so, als höre er zu. Ab und zu trinkt er einen Schluck Sekt und verzieht dann das Gesicht. Es schmeckt ihm nicht. Er macht es mir zuliebe. Ich weiß das.

Als Edwin denkt, dass er mich nun lange genug ertragen hat, sagt er: »Und jetzt geh rüber zu den anderen.« Er will allein sein.

Eine halbe Stunde sitze ich noch mit Ria, meinem Vater und seiner Frau im Besucherraum zusammen. Wir packen Geschenke aus, die wir Oma mitgebracht haben. Sie kann es nicht mehr selbst. Ihre Hände sind dick von der Arthrose, ihre Finger zittern. Wir schenken ein Duschgel, eine Creme. Dinge des alltäglichen Lebens. Dazu noch einen roten Weihnachtsstern, die mochte sie immer so gerne, und Nougatschokolade, weil die sich so herrlich lutschen lässt. Oma freut sich. Zumindest lächelt sie oft. Nach Opa fragt sie nicht. Ob sie die Geschenke wahrnimmt, wissen wir nicht.

»Schau mal, Oma«, sagen wir immer, wenn wir etwas auspacken.

»Wie schön«, sagt sie jedes Mal. Doch ihre Worte klingen zurechtgelegt. Unecht. Routiniert.

Nachdem wir alles ausgepackt haben, versuchen wir uns mit Oma zu unterhalten, loben den geschmückten Tannenbaum.

»Sind die Container schon bestellt?«, fragt sie.

Als schließlich die Pflegerin kommt, um Ria zu Bett zu bringen, ist uns allen die Erleichterung anzumerken. Wir sind erschöpft. Wir haben unsere Schuldigkeit getan. Schnell noch ein Kuss. »Mach's gut, Oma. Schlaf schön.« Es ist kurz nach sechs Uhr abends.

Ich gehe zurück zu Großvaters Zimmer, seine Tür ist nur angelehnt. Ich schaue durch den Spalt. Noch immer sitzt er am Tisch, schneidet unter dem Licht der Lampe die Thüringer Mettwurst. Mit einem Taschenmesser. Es rührt mich, wie er so dasitzt, ganz versunken in sein Tun. Mit den Gedanken weit weg. Vielleicht in Thüringen, vielleicht denkt er auch an vergangenes Jahr, als wir noch in ihrer gemeinsamen Wohnung Weihnachten gefeiert haben. Eine Weile stehe ich nur da, beobachte ihn, wie er die Wurst in Stücke teilt. Dann trete ich ein.

»Opa, ich wollte nur tschüss sagen, ich fahre jetzt nach Hause.« Edwin schneidet weiter.

»Magst du ein Stück Wurst?«, fragt er und spießt eine Scheibe mit dem Messer auf.

Ich nehme ein Stück, er auch. Ein paar Minuten sitzen wir noch beieinander, kauen unsere Wurst. Dann verabschiede ich mich. Ich schließe seine Tür, gehe den Gang hinunter, vorbei an Großmutters Zimmer. Es sind nur zwölf Schritte, die Edwin und Ria voneinander trennen. Und doch. Heute an Heiligabend, zum Fest der Liebe und Vergebung, ist jeder für sich. Und beide allein. Ich gehe.

Während ich eine Weile später bei meinen Eltern zu Abend esse, ist Großmutter im Heim und schläft. Mein Großvater sitzt in seinem Zimmer nebenan und isst die Mettwurst, die sein Cousin ihm geschickt hat. Und während ich mich mit meiner Mutter bis tief in die Nacht unterhalte, steht Edwin an Rias Bett. Er nimmt ihre Hand, ohne dass sie es merkt. Still bittet er sie um Verzeihung. In Großvaters Kopf ist eine Entscheidung gereift. Edwin wird ausziehen in ein neues Zuhause. Ein Zuhause ohne Ria.

Edwin wird Ria verlassen. Er hat eingesehen, dass er ihre Krankheit nicht heilen kann. Dass es nicht besser, sondern schlimmer werden wird. Und auch, dass es nicht ihre Schuld ist. »Die Frau Ahr lügt nicht«, hatte er den

Schwestern gesagt, denen Ria erzählte, dass ihr Mann sie schlägt, andere Frauen hat, ihr Geld stiehlt. »Aber sie erzählt Geschichten.« Jeden Tag hat er sich ihre Vorwürfe im Heim angehört, die Blicke der Schwestern ausgehalten. Edwin will nicht länger ertragen, will nicht warten, dass sie eines Tages nur noch Wut und Hass füreinander empfinden. Deshalb geht er. Um das Bild zu bewahren. Von ihr. Von ihnen. Edwin will Ria aus der Ferne lieben. In seiner Erinnerung.

*

Wir brauchen sechs Wochen, um ein anderes Pflegeheim zu finden, ein Heim am anderen Ende der Stadt. Es liegt inmitten einer Villensiedlung, nicht weit entfernt ist ein Wald. Das Heim hat einen großen Garten, zwei Hände voll Bewohner und kleine gemütliche Einzelzimmer. Dort, in diesem Idyll, will Edwin zur Ruhe kommen. Sein Leben sortieren, sich mit sich selbst versöhnen. Er sagt, er wolle wieder spazieren gehen.

Es ist der 31. Januar 2011, der letzte gemeinsame Tag. Wieder packen Opa und ich seine zwei Koffer. Keine halbe Stunde brauchen wir dafür. Es ist leichter aufzubrechen, wenn man nicht mehr viel hat. Es ist leichter zu gehen, wenn die Hoffnung nicht mehr da ist. Und trotzdem, ist es richtig?, frage ich mich, während ich den zweiten Koffer schließe. Darf man einen Menschen verlassen, weil er dement ist? Darf man gehen, nur weil es schwierig und anstrengend ist? Ist es moralisch verwerflich oder nur reiner Selbstschutz, was mein Großvater tut? Soll ich wütend auf ihn sein, weil er meine Oma verlässt? Weil er sein Versprechen bricht, sie niemals zu verlassen?

Ich sehe zu, wie Großvater gebückt auf seinen Stock

durchs Zimmer geht. Er wackelt mehr, als dass er geht. Sein Gesicht ist grau, er hat noch mehr Gewicht verloren. Er ist fast neunzig Jahre alt. Kann ich ihm verdenken, dass er die Kraft nicht mehr hat? Selbst mich strengen die Besuche bei Großmutter an. Ich verstehe sie nicht mehr, ich erkenne sie nicht mehr. Ich fühle mich ihr fremd, wenn ich bei ihr bin. Ich bin ihr näher, wenn wir getrennt sind. Ich erfinde vor mir selbst Ausreden, um sie nicht besuchen zu müssen. Wie soll Edwin Tag für Tag aushalten, was ich kaum ein paar Stunden ertrage?

Als wir fertiggepackt haben, hole ich Ria aus dem Aufenthaltsraum, schiebe sie zu Opa an den Tisch. In seinem kleinen Zimmer sitzen sie sich gegenüber. Edwin möchte Ria danken für die schöne Zeit. Er möchte ihr erklären, warum er geht. Doch Ria versteht nicht mehr, fragt ihn nach ihrem Pelzmantel, den sie so verzweifelt sucht, und mich, ob ich nicht ihre Füße in meine Handtasche packen und mitnehmen könnte, sie stören sie so.

Gemeinsam bringen wir Oma wieder nach vorne, in den Aufenthaltsraum. Stellen sie ab zu denen, die immer nur warten. Auf das Essen, den nächsten Tag, den nächsten Besuch. Wann er wiederkommen wird, weiß Edwin nicht. Und auch nicht, ob. Unsicher, wie bei seinem ersten Besuch im Heim, steht er vor ihr. Wie verabschiedet man sich von jener, die man liebt? Edwin beugt sich zu ihr hinunter und küsst sie.

»Auf Wiedersehen, Mädchen«, sagt er. Dann dreht er sich um und geht.

Im Flur vor dem Fahrstuhl warte ich auf ihn. »Hast du das gesehen?«, fragt er, als er, die Türklinke noch in der Hand, in den Hausflur tritt. Edwin erwartet keine Antwort von mir. »So endet eine große Liebe«, sagt er.

Der Aufzug kommt. Wir treten hinein. Hinter uns fällt die Tür mit einem leisen Klicken ins Schloss.

12

Unschlüssig stand Ria vor dem Spiegel. In der Hand hielt sie ein Kleid mit Punkten, das, was sie trug, war schlicht. Beide waren sie alt. Ria hatte sich schon ewig keine neuen Kleider mehr gekauft. Wozu auch? Kleider trug man zum Tanz. Ria ging nicht tanzen. Ria ging einkaufen und manchmal in den Schrebergarten, den Friedel und sie sich gekauft hatten. Einkaufen, kochen, putzen, dazwischen eine Tracht Prügel. So war ihr Leben.

Durch den Spiegel betrachtete Ria ihr Gesicht. Sie war älter geworden. Um die Augen hatten sich Falten gebildet. Schlupflider, die sie müde aussehen ließen. Das Leben mit Friedel, es hatte seine Spuren hinterlassen. Er hatte sich eingegraben, zuerst in ihre Seele, dann in ihre Haut. Für einen Moment betrachtete Ria noch sich selbst, dann fiel ihr Blick durch den Spiegel auf das Ehebett hinter ihr. Die eine Hälfte war leer. Nur rechts, auf ihrer Seite, lag eine Bettdecke, links war die Matratze kahl. Und auf dem Nachttisch, wo bis vor kurzem noch Mein Kampf *gelegen hatte, standen jetzt Blumen. Einkaufen, kochen, putzen, dazwischen eine Tracht Prügel. So war ihr Leben bis jetzt gewesen. Bis zu jenem Tag im Mai 1971. Seit zwei Monaten war Ria Witwe.*

Als es an der Tür klingelte, stand Ria noch immer vorm Spiegel. Eigentlich hatte sie ja gar keine Lust auszugehen.

Keine Lust auf betrunkene Männer, auf Männer überhaupt. Nein, wenn es nach ihr ginge, wäre Ria einfach zu Hause geblieben, hätte die Ruhe genossen, vielleicht ein wenig ferngesehen und Heidelbeeren mit süßer Sahne gegessen. Aber Lieselotte hatte nicht lockergelassen. »Du musst wieder ausgehen«, hatte ihre Freundin gesagt. »Du musst wieder unter Leute.« Ria wusste, dass Lieselotte recht hatte. Das Leben ging weiter. Auch wenn es sich nicht so anfühlte. »Ich bin noch nicht so weit«, hatte Ria gesagt. »Doch, das bist du«, hatte Lieselotte geantwortet.

Meine Großmutter hat mir nie erzählt, wie es war, als Friedel starb. Ihr Sohn, mein Vater, war damals schon ausgezogen. An dem Tag, als Friedel starb, ging er in die Disco. Feiern. Zur Beerdigung kam er nicht, bis heute war er nie am Grab seines Vaters. Wie war es also wohl an jenem Tag, an dem Friedel Ahr, mein leiblicher Großvater, starb? Ich stelle mir vor, wie mein Vater an jenem Abend, als der Tyrann endlich von ihnen gegangen war, in die Disco ging. Wie er sich freitanzte, bis der Schweiß an ihm heruntertropfte und seine Beine nicht mehr konnten. Ich stelle mir vor, wie er heimlich darauf anstieß, dass er nie mehr Angst um seine Mutter haben musste. Erst ein paar Wochen vor seinem Tod, so hat er mir einmal erzählt, hat er Friedel dabei erwischt, wie er Ria schlug. An der Kehle hat er ihn gegriffen. Er war inzwischen stärker als sein Vater, er hatte keine Angst mehr vor ihm. »Wenn du sie noch einmal schlägst, bring ich dich um«, hat er gesagt. Und als ich meinen Vater fragte, wie er das gemeint habe, sagte er: Genau so, wie ich es gesagt habe.

Ich stelle mir vor, wie Ria an jenem Abend zu Bett ging. Das erste Mal seit langer Zeit alleine. Dass sie ein bisschen geweint hat. Zuerst um Friedel, dann um die verlorenen Jahre. All die Zeit, die sie in Angst lebte, in der sie nie wirklich glücklich war. Ich stelle mir vor, wie sie dann erschöpft und erleichtert einschlief, so ruhig und so fest, wie schon lange nicht mehr.

Ich stelle mir vor, wie Ria an Friedels Grab stand, zusammen mit ihren Eltern und den wenigen Freunden, die Friedel hatte. Wie sie ganz in Schwarz gekleidet, wahrscheinlich trug sie einen Rock und eine Bluse, ein wenig Erde auf den Sarg gab und ein paar Blumen hinterherwarf. Vielleicht hat sie auch geweint. »Wir hatten schöne und nicht so schöne Jahre«, hat meine Großmutter immer gesagt, wenn man sie nach Friedel fragte. Ich stelle mir vor, dass sie um die schönen Jahre geweint hat. Die, in denen ihr Sohn noch klein war und Friedel ein guter Mann. So in etwa muss es gewesen sein.

Zwei Monate waren vergangen, seit Ria an Friedels Grab gestanden hatte. Jetzt, im ehemals gemeinsamen Schlafzimmer, zog sie das schlichte Kleid aus und streifte sich das gepunktete über. Die Schützen veranstalteten ein Fest, im Schützenhaus der Döhrener Masch. Dahin wollte sie mit ihrer Freundin Lieselotte. Noch einmal blickte Ria in den Spiegel. Auf das halbleere Bett hinter ihr, auf das Kleid, dann auf ihre Falten in ihrem Gesicht. Sie war jetzt 47 Jahre alt. Die Hälfte ihres Lebens war vorüber. Die Türklingel riss sie aus ihren Gedanken. »Ich komme«, rief Ria. Sie war so weit.

Edwin bestellte einen Weißwein. Wahrscheinlich Müller-Thurgau. Wie immer. Er saß an der Theke und lauschte den Schlagern. Er war allein zum Schützenhaus gekommen. Seit zwei Jahren war er von Irmgard getrennt. Es war nicht Edwin, der die Scheidung gewollt hatte. Niemals hätte er sein Versprechen gebrochen, er hätte es nicht gekonnt. Es war Irmgard gewesen, die ihm seine Bürde abge-

nommen hatte. Sie war es, die ihn verlassen hatte. Einfach so. Am Morgen hatte sie ihm noch die Stullen für die Arbeit geschmiert. Ihn verabschiedet mit dem immer gleichen lieblosen Kuss. »Bis heute Abend«, hatte Edwin gesagt. Dann war er zu Fuß zur Arbeit ins Eisenwerk gegangen, anschließend noch auf ein Feierabendbier mit den Kumpels vom Werk in der Kneipe schräg gegenüber. Es war nichts Besonderes an diesem Tag. Irmgard war in der Früh nicht anders gewesen als sonst. Kühl, distanziert, aber freundlich. Als Edwin am Abend nach Hause kam, war Irmgard fort. Und mit ihr ihre Sachen. Ihre Kleider fehlten, die Vorhänge waren abgehängt. Irmgard hatte von allem die Hälfte mitgenommen. Vom zusammengestellten Ehebett stand nur noch Edwins Seite.

Edwin nahm einen Schluck Wein, wippte mit dem Knie zur Musik. Er war nicht traurig darüber, dass seine Ehe gescheitert war. Nicht mehr. Am Anfang hatte er Irmgard noch dafür verflucht, dass sie ihn einfach so verlassen hatte. Fuchsteufelswild war er gewesen. Beschimpft hatte er sie. Nächtelang war er voller Selbstmitleid und Wut durch die Kneipen gezogen, hatte sich eingeredet, dass er Irmgard vermisste. Doch irgendwann, als die Wut verraucht war und andere Frauen lange genug ihn und sein Ehrgefühl gestreichelt hatten, hatte er eingesehen, dass Irmgard einfach nur den Mut hatte, das zu tun, was er schon seit Jahren hätte tun sollen.

Edwin fuhr sich mit der Hand über den Kopf. Sein Haar war die letzten Jahre etwas lichter geworden, die Geheimratsecken etwas höher. Er war nun ein Mann von fünfzig Jahren. Nicht mehr jung, aber noch lange nicht alt. Noch immer hatte er mehr Kraft in seinen Händen als die meisten Dreißigjährigen. Die Arbeit im Eisenwerk hatte seinen Körper nicht mürbe gemacht. Im Gegenteil, sie hielt ihn fit. Er hatte keinen Bauch, wie manche seiner Freunde. Er hat-

te Muskeln. Natürlich, hier und da hatte auch Edwin ein paar Falten im Gesicht, aber wer hatte die nicht? Nein, alles in allem war er noch immer ein attraktiver Mann. Es fiel ihm nicht schwer, Frauen kennenzulernen. Ab und zu hatte er eine Liebschaft, nie etwas Ernstes. Nur selten blieb er über Nacht. Nicht ein Mal hatte er sich verliebt. Es war nie wie mit Ria.

Edwin zündete sich eine Zigarette an. Zog hastig. Er war ein wenig nervös. In der Zeitung, die er jeden Morgen las, wenn er seinen Kaffee schlürfte, hatte er es gesehen. Die Anzeige war nicht groß. »Wir trauern um Friedrich Ahr«, hatte da gestanden. Es muss wohl an einem Samstagmorgen gewesen sein, als er es las. Denn Edwin war an jenem Tag nicht zur Arbeit gegangen. Er hatte am Küchentisch gesessen und aus dem Fenster geschaut. Sich gefragt, was er nun tun sollte. Ria eine Beileidskarte schreiben? Sie anrufen? Oder konnte er es wagen, zu ihr zu fahren?

Sein Kaffee war bereits kalt geworden, erst da hatte er sich entschieden. Er würde Ria keine Beileidskarte schreiben, sie nicht anrufen und erst recht nicht zu ihr fahren. Er würde gar nichts tun. Es schickte sich einfach nicht, eine Witwe aufzusuchen, selbst wenn der Ehemann ein Trinker und Schläger gewesen war. Ria hatte Edwin erzählt, wie es um die Ehe mit Friedel bestellt war. An jenem Tag, als sie sich beim Arzt gesehen hatten. Als die große Liebe über sie gekommen war. Oft hatte Edwin seitdem an Ria gedacht, auch wenn er sich nie wieder mit ihr getroffen hatte. Sie wussten beide, dass es nichts bringen würde. Es war nun einmal so, wie es war. Und so hatte sich Edwin oft gefragt, ob es Ria gutging, und sich heimlich gewünscht, dass er der Mann an ihrer Seite und sie die Frau an seiner sein könnte. All die Jahre.

Nun war Friedel tot, Edwin geschieden. Es war Sommer,

die Luft war warm. Der Herbst schien noch weit weg, es blieb genug Zeit. Edwin stand an der Theke im Haus der Schützen. Auf einem Fest in Rias Stadtteil.

Sie spielten einen Schlager. Jemand sang von roten Rosen, roten Lippen und rotem Wein, als Ria Edwin an der Bar erblickte. Als sie ihn anlächelte und ihre Beine zitterten, so wie damals beim Arzt. Und so wie damals ging sie, fast als wäre es ganz selbstverständlich, zu ihm.

»Edwin, wie geht es dir?«, fragte Ria.

»Gut«, sagte Edwin.

Sie schwiegen einen Moment.

»Wie geht es Irmgard?«, fragte Ria schließlich.

»Ich bin geschieden«, sagte Edwin. Ria blieb stumm. Sie sagte nicht, dass ihr das leidtue. Es tat ihr nicht leid.

»Wie geht es Friedel?«, fragte Edwin, obwohl er wusste, dass Friedel verstorben war. Er wollte nicht, dass Ria wusste, dass er es wusste. Wollte nicht, dass sie merkte, was letztlich offensichtlich war.

»Er ist gestorben«, sagte Ria. Edwin blieb stumm. Er sagte nicht, dass ihm das leidtue. Es tat ihm nicht leid.

Eine halbe Stunde, vielleicht auch länger, standen sie an der Bar. Sie redeten miteinander, sprachen über dieses und jenes, fast so wie damals am Maschsee, als sie das erste Mal spazieren gingen. Als Edwin und Ria sich das erste Mal geküsst haben. Ria lachte über seine Witze, und Edwin fand es herrlich, weil es ihr Lachen war. Edwin erzählte ihr Geschichten, und Ria hörte ihm aufmerksam zu, hieß alles gut, was er sagte, weil er es war, der es sagte. Als Edwin keine Geschichten mehr einfielen und es nichts mehr zu sagen gab, erzählte Ria, dass sie vor einigen Jahren den Führerschein gemacht habe. »Ich hab ein Auto«, sagte sie, und Edwin verstand. Sie verließen das Fest, fuhren über die Dörfer. Ria am Steuer, Edwin neben ihr. Irgendwo in ei-

nem Wald stiegen sie aus: ein Paar, nicht mehr jung. »Mensch, Ria, du bist ja noch genauso schön wie früher«, sagte Edwin. Dann kam die große Liebe über sie. Und dann, irgendwann später, sagte er noch etwas. »Mädchen, versprochen, jetzt lass ich dich nie wieder los.«

Als Edwin Ria an jenem Tag sein Versprechen gab, bei ihr zu bleiben, tat er es nicht unüberlegt, wie bei Irmgard. Er war keine 19 mehr. Er wusste, was es heißt, ein Leben mit einem Menschen zu verbringen. Er wusste, dass eine Beziehung nicht immer leicht war. Er wusste, dass es auch Zeiten geben würde, in denen einer von ihnen beiden den anderen am liebsten zum Teufel jagen würde. Er wusste, dass Alter und Krankheit auf sie beide zukommen würden. Er wusste das alles. Am 1. Juli 1971 versprach Edwin Ria, bei ihr zu bleiben, von nun an, für immer, egal, was passiert. Noch am selben Abend zog er zu ihr.

13

39 Jahre, sechs Monate und dreißig Tage später. Ich bringe Großvater in sein neues Heim. Eine alte Villa, inmitten von Villen in einem der besten Wohnviertel an der Grenze der Stadt. Früher hat hier wahrscheinlich einmal eine reiche Familie gewohnt, heute leben in diesem Haus ein Dutzend alte Menschen. Großvaters neues Pflegeheim, es ist klein und strahlt die familiäre Geborgenheit aus, nach der er sich sehnt. Der Aufenthaltsraum hat einen Erker, durch den die Mittagssonne fällt, auf den Tischen stehen frische Blumen, die Wände sind mit Fotos und Bastelarbeiten der Bewohner geschmückt. Edwins Zimmer ist nicht geräumig, aber gemütlich. Wenn er aus dem Fenster schaut, blickt er ins Grüne und nicht auf Beton, wie in Laatzen. Hinter dem Haus gibt es einen Garten mit einem Kirschbaum, vorne eine Terrasse mit einer Sitzgruppe. Nicht weit vom Heim liegt ein kleiner Wald, in dem man spazieren gehen kann, im Sommer spielen die Kinder der Nachbarhäuser auf der Straße. Das Heim, in das Edwin zieht, ist ein Ort, an dem man leben möchte. Ein Ort, an dem auch das Sterben seinen Schrecken verliert. So idyllisch ist es.

Doch heute bleibt Edwin blind für die Schönheit um ihn herum. Zu sehr ist er mit seiner Trauer beschäftigt, mit dem Abschied von Ria. Wir reden nicht viel, während ich wieder einmal sein Hab und Gut in einem neuen Schrank verstaue. Es gibt nicht viel zu sagen. Mein Großvater gehört nicht zu der Generation, die ihr Innenleben ständig und ohne nachzufragen preisgibt. Und ich frage nicht, weil ich nicht weiß, wie ich ihn trösten kann, wenn er mir von seinen Gefühlen erzählen würde. Weil ein »es wird schon wieder« mir irgendwie unangebracht scheint. So endet eine große Liebe, hat Großvater gesagt, als wir vor dem Aufzug in Großmutters Heim standen. Es wird nicht mehr.

Als ich gehe, nehme ich Edwin ganz fest in den Arm. Halte ihn eine Weile. Auch wenn ich nicht weiß, wie es ist, seine große Liebe am Ende seines Lebens doch noch zu verlieren. Aber ich weiß, wie Liebeskummer sich anfühlt. Dieser bohrende, stechende Schmerz, der einem fast die Luft zum Atmen nimmt und der einen glauben lässt, dass es nie wieder gut werden wird. Selbst wenn man älter wird und das Leben einen längst eines Besseren belehrt hat.

Ich lasse ihn los, schaue in Großvaters gequältes Gesicht. Er ist traurig, das kann ich sehen. Und mehr noch: Edwin ist enttäuscht von sich selbst. Er hat sein Wort nicht gehalten. Sein Schmerz wird besser werden mit der Zeit. Ich wünsche es ihm. Aber wird er auch sich selbst verzeihen können?

*

Nachdem ich Großvater in sein neues Heim gebracht habe, fahre ich zum Bahnhof, nehme den ersten ICE nach Berlin. Der Zug ist ein Ort, an dem ich nachdenken kann. Aus dem Fenster schauen und meinen Gedanken nachhängen. Ich habe mich auf die Zugfahrt heute gefreut. Ich brauche sie, um mich zu sortieren. Aber statt Ruhe lärmt es um mich herum. Die Gedanken werden abgerissen, in Fetzen zerteilt. Ich denke an Edwins Enttäuschung über sich selbst. Daran, wie er mit sich hadert, sich nicht verzeihen kann, dass er sein Versprechen gebrochen hat. Dabei ist er nicht der Einzige. Die Hälfte aller Männer und Frauen, die sich versprechen, für immer zusammen zu sein, brechen ihr Wort. Fast jede zweite Ehe wird in Deutschland geschieden. Und Edwin und Ria waren nicht einmal verheiratet. Sie haben sich ihr Versprechen nicht offiziell und nicht vor Gott gegeben. Warum ist es für Edwin also so unerträglich, dass er es nicht halten konnte?

Meine Zugnachbarin telefoniert und reißt mich aus meinen Überlegungen. Zwingt mich, ihre Partypläne fürs nächste Wochenende mitanzuhören. Ein strafender Blick von mir nach zwanzig Minuten. Endlich legt sie auf.

Meine Gedanken kehren zurück zu Edwin und zu der Frage, warum sein Versprechen so wichtig für ihn ist. Mein Großvater stammt aus einer Zeit, in der man sich eben nicht einfach trennte. Einer Zeit, in der Männer für ihre Frauen zu sorgen hatten und eine Ehe nicht unbedingt eine Liebesheirat war. Man ging eine Verpflichtung ein. Man versprach sich nicht ewige Liebe, sondern dass man sich, egal was kommen würde, um den anderen kümmerte. Das ist etwas anderes. Natürlich. Aber ist das der Grund dafür, dass er fast bis zur Selbstaufgabe bei meiner Großmutter bleiben wollte? Eine innere Verpflichtung? Oder ist es doch die große romantische Liebe, die ihn so lange alles ertragen ließ? Wahrscheinlich ist es beides, denke ich. Denn als Edwin Ria sein Versprechen gab, tat er es nicht aus einer Verpflichtung heraus, er tat es aus einer Verliebtheit heraus. Die Verantwortung für Ria kam erst mit den Jahren. Aber egal, was ihn trieb, Liebe oder Verpflichtung, beides erscheint mir absurd. Wie kann ein Versprechen, das aus Liebe gegeben wird, bedingungslos gültig sein? Und was kann so verpflichtend sein, dass es wichtiger wird als das eigene Selbst? Gar nichts.

Auf der anderen Seite, denke ich, wer wünscht sich das nicht? Jemanden zu haben, der immer, unter allen Umständen, bei einem bleibt. Auch ich würde mir wünschen, dass mein Freund für mich da ist. Ohne Wenn und Aber. Ich würde wollen, dass er mich pflegt, wenn ich krank bin. Ich würde mir ein Versprechen, wie Edwin es Ria gegeben hat, wünschen. Unbedingt. Aber wäre ich selbst dazu fähig, es auszusprechen? Vor allem: es zu halten?

Früher hätte ich diese Frage bejaht. Ich hätte gesagt, wenn wir noch zusammen sind, wenn wir alt sind und du krank werden solltest, dann werde ich bei dir bleiben. Ich werde dich nicht zurücklassen in einem Heim zwischen Fremden. Ich werde für dich sorgen. Ich hätte ihm, genau wie Edwin es damals tat, all das versprochen. Aber jetzt? Nach allem, was ich mit Edwin und Ria erlebt, nach allem was ich gesehen habe? Könnte ich meinem Partner heute versprechen, für immer bei ihm zu bleiben?

Die Frau mir gegenüber telefoniert wieder. Schnattert belangloses Zeug in ihr Handy. Weiter hinten schreit ein Kind. An meinem Sitz rennt eilig ein junger Mann vorbei mit dampfend heißem Kaffee in der Hand. Ich schaue ihm nach. Nein, denke ich, ich könnte es nicht versprechen. Nicht mehr. Die Erkenntnis ist unangenehm. Ein »für immer« gibt es nicht. Nur im Märchen. Es ist wie eine Seifenblase, die zerplatzt. Zurück bleibt die Realität. Ehrlich. Bitter. Vielleicht, denke ich, sollte ich Großvater sagen, dass er nichts Falsches getan hat. Dass auch ich es nicht ertragen könnte, mit einem demenzkranken Partner zu leben, selbst wenn ich es versprochen hätte. Vielleicht kann er sich dann verzeihen. Ich kenne ihn besser. Wahrscheinlich kann er es nicht.

Ich schaue aus dem Fenster, es regnet in Strömen. Wenn ich am Ostbahnhof in Berlin ankomme, wird Tino mich mit dem Auto abholen, obwohl es nur wenige hundert

Meter zu unserer Wohnung sind. Er wird mich nach Hause fahren und uns etwas zu essen machen. Er wird mich fragen, wie es mir geht, mir zuhören und mich in den Arm nehmen. Heute wird er für mich da sein.

Irgendwann, denke ich, werde ich ihn fragen, was er tun würde, wenn ich krank werde. Nicht körperlich, nein, sondern wenn mein Geist krank wird. Wenn ich ihn grundlos anschreie, ihn beschimpfe, wenn ich nicht mehr der Mensch sein werde, der ich heute bin. Wenn ich dement bin. Ich weiß nur noch nicht, ob ich die Antwort, die ehrliche, wirklich hören will.

14

Im Pflegeprotokoll vom Februar 2011 steht: *Frau Ahr hat keinen Kontakt mehr zu Lebensgefährten. Spricht ängstlich über verstorbenen Ehemann. Frau Ahr macht sich Sorgen um situative Situation von Herrn Ludwig.*

Es ist mein erster Besuch nach Edwins Auszug. Als ich meine Oma zum letzten Mal sah, saß sie im Aufenthaltsraum, dort, wo wir sie zurückgelassen haben. Ich weiß nicht, wie sie die Trennung von Großvater verkraftet hat. Ob sie leidet, wütend oder traurig ist. Es gehe ihr gut, sagen die Pflegekräfte, wenn man anruft. Frau Ahr vermisse Herrn Ludwig nicht. Ab und zu frage sie noch nach ihm, ja. Aber dann beruhigen wir sie, sagen sie. Und wenn sie nun mich fragt?, denke ich, während ich das Heim betrete. Ich habe keine Ahnung, was ich sagen soll. Wenn sie fragt, wie es ihm geht oder wann er zurückkommt. Darf ich ehrlich sein? Darf ich sagen, dass er sie zwar vermisst, aber nicht mehr zurückkommen wird? Oder soll ich lügen, so wie die Altenpflegerinnen es tun, die ihr erzählen, Herr Ludwig wäre nur spazieren gegangen oder schlafe noch, so wie man es mit Dementen eben macht. Ich weiß, wie das geht. Ich habe selber schon solche Lügengeschichten erzählt. Damals, während des Studiums, als ich als Aushilfe in einem Pflegeheim gearbeitet habe. Jeden Abend hat

Frau Meier ihren Ehemann gesucht. Stundenlang lief sie durch die Flure und Zimmer. »Wissen Sie, wo mein Mann ist?«, fragte sie. Was Frau Meier vergessen hatte: Er war tot, seit langer Zeit. Und jeden Abend, wenn ich die Spätschicht hatte, habe ich ihr gesagt, dass ihr Mann nur einen trinken gegangen sei, zusammen mit meinem Mann. Ich habe sie zu Bett gebracht und ihr gesagt, morgen früh, wenn sie aufwacht, sei er wieder da, sie wisse ja, wie die Männer seien. Es war eine Lüge. Aber es war der schnellste Weg, sie zu beruhigen. Feierabend zu machen. Ich weiß nicht, ob Frau Meier ihren Mann morgens gesucht hat oder ob sie sich noch an meine Geschichte vom Abend erinnert hat und sich gefragt hat, warum ihr Mann von seiner Kneipentour nicht zurückgekehrt ist. Es war nicht mehr meine Schicht. Ich war nicht mehr da.

Damals hatte ich nie ein schlechtes Gewissen, dass ich die Menschen im Heim belogen habe. Heute bin ich mir nicht mehr sicher, ob es richtig war. Die Dinge ändern sich, wenn es persönlich wird. Ria ist eben nicht nur eine Frau, die ich kaum kenne. Ich bin keine Aushilfe, die ihr Studium finanzieren will. Ria ist meine Oma. Ich bin ihre Enkelin.

Was also soll ich tun? Meine eigene Großmutter belügen? Weil sie demenzkrank ist?

Ria lächelt, als ich in den Aufenthaltsraum komme, um sie abzuholen. Wüsste ich nicht, dass es Tage her ist, seit Edwin ausgezogen ist, man könnte meinen, er wäre soeben aus der Tür gegangen. Denn wie immer dudelt das Radio, wie immer sitzen zwei Hände voll Rollstuhlfahrer beieinander und sprechen kein Wort. Der Papagei krächzt. Das Leben im Heim, es ist zeitlos.

Ich bringe Oma in den Besucherraum, hole uns eine Tasse Kaffee, hoffe inständig, dass sie nicht fragt. Nach ihm. Dass sie vergessen hat.

»Was Edwin sich geleistet hat!«, sagt sie, kaum dass ich sitze. Unwillkürlich rolle ich mit den Augen. Weil ich nichts sagen will, nehme einen Schluck Kaffee. Er ist noch viel zu heiß. Ich verbrenne mir die Zunge. Besser am Kaffee als an meinem Worten, denke ich. Ich kann es nicht leiden, wenn sie schlecht über Großvater spricht. Ich kann sie aber auch nicht ausschimpfen. Also muss ich es ertragen. Noch ein Schluck Kaffee. Heiß.

»Opa und Frau Müller haben geheiratet«, sagt sie. Beinahe hätte ich mich verschluckt. Für einen Moment bin ich mir nicht sicher, ob ich lachen, ihr widersprechen oder einfach mit ihr fühlen soll. Denn das, was Großmutter mir da erzählt, ist sowohl traurig als auch komisch. Komisch ist es, weil Frau Müller die dreißig Jahre jüngere Nachbarin meiner Großeltern war. Die von gegenüber. Die, die jahrelang bei meinen Großeltern putzte, die Betten bezog und Oma beim Gardinenwaschen half. Die, die einmal täglich nach meinem Großvater schaute, als Oma schon im Heim wohnte. Allein die Vorstellung, dass Frau Müller und mein Großvater jemals romantische Gefühle füreinander hegten, ist abwegig. Traurig ist es, weil sie leidet. Weil sie dasitzt wie ein Häuflein Elend, die Schultern nach unten hängend, mit Tränen, die hinter den Augen brennen.

»Ach Oma«, sage ich nur.

»Die wohnen jetzt in Laatzen«, sagt sie.

Ich bin perplex. Wie kommt sie darauf? »Du musst zwischen den Zeilen lesen«, hat Großvater einmal zu mir gesagt. »Dann verstehst du, was sie dir sagen will.« Zwischen den Zeilen also: Edwin hat geheiratet und wohnt in Laatzen. Langsam beginne ich zu begreifen. Natürlich. Es ist ganz einfach. Irmgard und Edwin haben in Laatzen gewohnt. Edwin hat Irmgard geheiratet. Vor 65 Jahren. Er hat Ria damals verlassen, er ist nicht bei ihr geblieben, so wie heute. Wie 65 Jahre später. Ich nehme Rias Hand, drücke sie, spende Trost. Arme Ria. Sie glaubt, ihr Mann hätte sie wegen einer anderen Frau verlassen, weil sie die Gegenwart mit der Vergangenheit vermischt hat. Ich denke an Frau Meier. Daran, wie sie jeden Abend verzweifelt ihren Mann suchte. Wie besorgt sie um ihn war und daran, wie selig sie war, wenn ich ihr sagte, dass ihr Ehemann wiederkommen würde. Dass es ihm gutgeht, dass ihm kein Unglück zugestoßen sei. Dass er sie nicht verlassen hat. Dann sage ich: »Aber nein, Oma. Opa hat nicht geheiratet. Er ist nur in Thüringen. Er kommt bald wieder.« Es ist eine Lüge. Aber Ria lächelt. Nicht die Wahrheit zu sagen muss nicht unbedingt falsch sein, denke ich. Hoffentlich habe ich, wenn ich alt bin, auch eine Tochter oder eine Enkelin, die mir eine Trostlüge auftischt. Die mir Geschichten erzählt, weil sie mich zum Lächeln bringen will.

*

Auszug aus dem Pflegeprotokoll, Mai 2011: *Bewohnerin ist zeitweilig unruhig, da sie in früheren Zeiten lebt, sich Sorgen über Einkauf, Medikation, Geld, Reinigung der Wohnung und Gesundheit des Lebensgefährten macht.*

Es ist Frühling geworden. Die ersten Blumen blühen, die ersten warmen Sonnenstrahlen. Auch Rias Welt ist bunter und fröhlicher geworden. Die Wut auf Edwin weniger. Nur selten ist er noch der böse Mann, der sie schlägt, der sie beklaut und sie mit anderen Frauen betrügt. Die angebliche Affäre mit der Nachbarin hat Ria vergessen.

»Ich war mit Edwin in Thüringen«, sagt Großmutter, als ich komme, um sie abzuholen.

»In Katzhütte?«

Oma nickt. In letzter Zeit ist sie oft in Thüringen, manchmal im Harz. Immer ist Edwin dabei. Ihre Aggressivität hat abgenommen. Eigentlich ein gutes Zeichen, dachte ich zuerst. Aber dann habe ich mit der Heimleitung gesprochen. Habe ihr gesagt, wie sehr ich mich freue, dass Ria nicht mehr so wütend ist. Sie hat mir erklärt, dass das normal sei, weil Großmutters Aggressivität nur die erste Phase der Demenz ist. Genauso wie ihre Wahnideen, dass Großvater sie bestehlen würde. Die Wut, die Halluzinationen, die Angst, das sei sehr typisch.

»Und wenn die Wut und die Angst vorüber sind?«, habe ich gefragt.

»Dann ist sie in der zweiten Phase.« In der sie zwischen den Zeiten wandere. In der es dazugehöre, dass sie glaubt, sie sei in Thüringen gewesen, weil ihr ein früheres Erlebnis so erscheine, als passiere es jetzt.

»Und dann?«, habe ich gefragt. »Was kommt dann?«

In der dritten Phase werde dieser seelische Rückzugsprozess, wie sie das nennt, weitergehen. Großmutter wird immer weniger wahrnehmen, was um sie herum passiert, sie wird ständig sich wiederholende Bewegungen machen, sie wird nach und nach ihre Angehörigen nicht mehr erkennen.

»Und dann?« Eigentlich wollte ich schon nicht mehr fragen. In der vierten Phase, hat die Heimleitung gesagt, wird sie ihre Körperfunktionen verlieren. Spätestens dann wird sie nicht mehr sprechen können. Viele Patienten liegen dann nur noch im Bett. Das, sagt sie, sei die letzte Phase der Demenz. Das »Stadium des Vegetierens«.

»Wie lange dauern diese Phasen?«, habe ich die Heimleitung gefragt. Das könne man nicht wissen. Manchmal nur Monate. Oft auch Jahre. Großmutters Wut ist vorüber. Sie ist in Phase zwei. Halbzeit. Wie viel Zeit bleibt uns noch?

Ich will Großmutter im Rollstuhl spazieren fahren. Nicht weit vom Heim, vielleicht zwanzig Minuten zu Fuß, ist ein Park. Etwas Ablenkung, frische Luft, das wird ihr guttun.

Ein Pfleger hilft mir, Ria anzuziehen. Die Jacke, der Schal. Um die Beine eine Wolldecke, damit sie nicht friert. Er gibt mir ein Döschen mit einer Tablette in die Hand. »Die muss Frau Ahr um genau zwei Uhr nehmen«, sagt er. Es ist Viertel vor zwei. »Natürlich«, sage ich.

Als wir das Heim verlassen, die Sonne im Gesicht, fängt Ria an zu erzählen. Von einer Wohnung in Laatzen, von Thüringen. Ich verstehe nicht viel, der Lärm der Straße schluckt ihre Worte, doch das macht nichts. Ria erwartet keine Antwort, es reicht, wenn ich zwischendurch »ja« und »ach so« sage. Manchmal lacht sie. Dann lache ich auch. Nicht, weil es komisch ist, was sie sagt, ich verstehe es ja doch nicht, sondern weil es so schön ist, wenn sie lacht.

Ich schiebe sie auf dem Fußweg an der zweispurigen Straße entlang, der Park ist doch weiter entfernt, als ich dachte. Endlich, nach einer gefühlten Ewigkeit, erreichen wir die Abzweigung. Nur noch ein Stückchen bergauf. Ich brauche all meine Kraft, um den Rollstuhl ganz nach oben zu schieben.

»Du bist aber schwer geworden«, sage ich keuchend. »Dann sollten wir unbedingt gleich noch ein Stück Kuchen essen.«

Weiter hinten im Park soll ein Café sein. Dorthin will ich mit Ria fahren. Großmutter wird stiller.

»Oma?«

»Ja.«

»Wollen wir gleich Kuchen essen?«

»Ja.«

Auf der Anhöhe in dem Park ist von dem Straßenlärm nicht viel zu hören, die grauen Betonbauten sind weit weg. Wir fahren über die Brücke eines kleinen Baches, lauschen dem Plätschern des Wassers. Immer neue Wege schiebe ich

Ria entlang, höre ihr zu, auch wenn ich selbst ohne Straßenlärm kaum verstehe, was sie mir eigentlich sagen will. Der Tonfall in ihrer Stimme klingt fröhlich; wenn er sich verändert, zeige ihr die Blumen, die blühen, lenke sie ab. Es ist schon längst zwei Uhr durch, die Tablette steckt noch in meiner Manteltasche, als Ria sich wieder und wieder an die Stirn fasst.

»Aua«, sagt sie leise.

»Was ist, Oma?«, frage ich. »Hast du Kopfschmerzen?«

»Ja.« Ihre Stimme ist weinerlich. »Aua, aua«, sagt sie immer wieder. Es geht ihr schlecht. Und jetzt? Ich bin fast eine Stunde Fußweg vom Heim entfernt. Inmitten eines Parks. In der Hosentasche eine Tablette, die ich ihr vor einer halben Stunden hätte geben sollen. Der Pfleger hat mich ermahnt, unbedingt pünktlich daran zu denken. Aber ich wollte so gerne zu dem kleinen Café am Ende des Parks. Viel zu weit weg. Auf eine halbe Stunde mehr oder weniger kommt es nicht an, dachte ich. Jetzt hat sie Schmerzen. Deshalb? Weil ich nachlässig war? Ich schelte mich selbst für meine Leichtsinnigkeit. Fühle mich schuldig, weil es ihr nicht gutgeht. Ich schiebe den Rollstuhl schneller, werde hektisch. Endlich, da hinten, sehe ich das Café. Als wir ankommen, parke ich Ria unter einen Sonnenschirm, in den Schatten. Großmutter nimmt die Hand von ihrer Stirn. Ihre Gesichtszüge entspannen sich. Ich stutze. »Oma, hast du Kopfschmerzen?«, frage ich.

»Nein«, sagt sie.

»Geht es dir gut?«

»Ja.« Ich schiebe sie in die Sonne. Nach ein paar Minuten hält Ria sich die Hand an die Stirn. »Hast du Schmerzen?«, frage ich.

»Ja«, sagt sie.

Also wieder in den Schatten. »Besser?«

»Ja.« Ich begreife. Es war die Sonne, die sie blendete.

Ich habe sie nur nicht verstanden, nicht verstanden, was sie mir sagen wollte. Erleichterung. Scham über meine Dummheit. Und Sorge. Denn ich weiß, schon bald, in drei oder sechs Monaten, in ein oder zwei Jahren werde ich gar nicht mehr verstehen können, was sie mir sagt. Ria wird nicht mehr auf einfache Fragen antworten können, ich werde nicht mehr zwischen den Zeilen lesen können. Weil keine Zeilen mehr da sind. Schon jetzt enden ihre Sätze ganz anders, als sie angefangen haben, fehlen Nomen, schon jetzt denke ich, dass sie Kopfschmerzen hat, obwohl sie nur die Sonne blendet. Ich hole ein Glas Wasser, gebe Ria die Tablette. Phase zwei. Halbzeit. Wie viel Zeit bleibt uns noch?

*

Im Pflegeprotokoll vom Oktober 2011 steht: *Frau Ahr ist in ihren Gedanken noch sehr um Herrn Ludwig besorgt. Frau Ahr leidet zeitweilig an Ohnmachtsanfällen, sogenannten Synkopen. Ursache nicht diagnostizierbar.*

Es ist der erste Besuch seit langem. Der erste mit Tino. »Erschreck dich nicht«, habe ich ihm gebetsmühlenartig gesagt. »Ria ist nicht mehr so wie früher.« Tino hat mir versichert, dass er sich nicht erschrecken wird, schließlich wüsste er ja, was das bedeutet: Demenz. Jetzt tut er es doch – er erschreckt sich. Ich sehe es an seinen Augen.

Als wir zu ihr kommen, liegt sie im Bett. Leichenblass. Eine Schwester hat sie vor einer Stunde hingelegt, die Beine hoch, damit Rias Kreislauf in Gang kommt. Großmutter hatte eine Synkope. So nennen sie das hier. Das sei eine Art Ohnmachtsanfall, bei dem ihr Blutdruck und ihr Puls absinken, haben die Pflegerinnen mir erklärt. Sie sei dann dem Tod näher als dem Leben, sagen sie. Woher das kommt, habe ich gefragt. Die Ärzte wissen es nicht, hat man mir gesagt.

»Oma, schau mal, wer da ist!«, sage ich zu Ria, wie zu einem kleinen Kind. »Das ist Tino, weißt du noch?«

Ausdruckslos schaut Großmutter ihn an. Nein, sie weiß es nicht mehr. Sie hat den jungen Mann, der früher alle zwei Wochen bei ihr zu Besuch war, vergessen. Er ist ihr entrückt. In der dritten Phase wird sie nach und nach Angehörige nicht mehr erkennen, hat die Heimleitung gesagt. Sind wir jetzt schon in Phase drei?, frage ich mich. Es sind doch erst Monate vergangen, nicht Jahre. Und jetzt schon beginnt Phase drei? Drei von vier. Die vorletzte. Andererseits ist Tino kein Verwandter. Großmutter kennt ihn nicht seit Jahrzehnten. Vielleicht bleibt uns doch noch ein wenig Zeit, versuche ich mich zu beruhigen. Wann werde ich ihr entrücken?

»Hallo Ria«, sagt Tino. Er steht am Fußende des Bettes, ich an ihrer Seite.

»Wir fahren wahrscheinlich nach Thüringen, das geht diesmal bloß nach mir«, sagt sie zu ihm.

Dass Ria nicht weiß, wer Tino ist, scheint ihr nichts auszumachen. Ihm schon. »Ria, dein Auto, den Golf, den haben wir noch immer«, sagt Tino. Er versucht, ein Thema zu finden, worüber er mit ihr reden kann. Doch Ria plappert weiter ihren Monolog, der wenig Sinn ergibt. Tino zieht ratlos die Schultern hoch. Ja, so ist es nun einmal, denke ich.

Ria erzählt: »So … ja, ich kann da nix zu, dass das so ist. Und von dir hat sich das ergeben. So, ich hörte das. Wenn das mancher hätte …«

»Oma, geht es dir gut?«, frage ich.

»Mir macht das nichts mehr aus hier.« Es ist nicht die Antwort, die ich gerne hören möchte, aber es ist eine Antwort.

Ria sagt: »Habe ich die Jacke reingeholt. Gib mir mal die Jacke. Hier mach mal bitte dahin.« Sie zeigt auf ihr Bett. Tino gibt ihr ihre Strickjacke, die auf einem Bügel an der Schranktür hängt. »Willst du sie anziehen?«, fragt er. Großmutter antwortet nicht, fängt an, mit den Knöpfen der Jacke zu spielen.

Dann frage ich: »Oma, hast du Durst?«, und halte die Schnabeltasse hoch. Es ist warm im Zimmer. Heizungsluft.

»Ja, es wird mir zu ruhig.«

»Willst du etwas trinken?«

»Ja. Aber mager.« Ich gebe ihr das Wasser in die Hand. Ria trinkt. Schaut uns an.

»Und Horst ist heute Nachmittag um zwölf …«

»War Papa hier?«

»Ja, schon immer.«

»Schön.«

Und jetzt? Wir sind erst seit einer Viertelstunde da und wissen schon nicht mehr, was wir Ria erzählen sollen. Im Sommer konnte ich wenigstens noch draußen mit ihr im Rollstuhl herumfahren. Ihr die Blumen zeigen. Schau mal hier, schau mal dort. Aber jetzt im Herbst, wo ich gezwungen bin, mit ihr drinnen zu bleiben, sind die Besuche anstrengend. Und wenn ich ehrlich bin, werden sie auch immer seltener. Weil Ria mir immer fremder wird. Weil ich nicht einmal weiß, ob es ihr Freude macht und ob sie sich eine Stunde nach meinem Besuch überhaupt daran erinnern kann, dass ich hier war.

Ria schaut mich an. Mustert mich von Kopf bis Fuß. Dann sagt sie: »So ein schönes Mädchen. Du isst wohl auch gerne Rouladen?«

Tino kann sich ein Lachen nicht verkneifen. »Hat sie mir gerade gesagt, dass ich zugenommen habe?«, frage ich ihn. »Ich glaube schon«, sagt er. Wir lachen. Großmutter lacht mit uns. Dieses gemeinsame Lachen, es ist wie eine

Befreiung. Auf einmal ist es nicht mehr wichtig, dass sie Tino nicht erkannt hat. Und auch nicht, dass sie irgendwann, schon bald, mich nicht mehr erkennen wird. Ich denke nicht an die Ohnmachtsanfälle, von denen niemand weiß, woher sie kommen. Oder daran, dass vielleicht die dritte Phase ihrer Krankheit begonnen hat. Wir haben einen guten Moment zusammen. Auch wenn es nur wenige Sekunden sind.

*

Auszug aus dem Pflegeprotokoll, Dezember 2011: *Synkopen haben zugenommen. Körperfunktionen haben abgenommen. Frau Ahr weint manchmal ohne ersichtlichen Grund.*

Ich brauche nur ein paar Minuten, um zu merken, dass mit ihr etwas nicht stimmt. Kaum habe ich Ria in den Besucherraum gefahren, fliehen ihre Augen hin und her. Für die Sätze, die sie anfängt, findet sie so gar kein Ende. Den Kaffeebecher, den ich ihr gebe, kann sie kaum halten, so stark zittern ihre Hände. Als sie ihren Pullover immer mehr vollkleckert, nehme ich ihr die Tasse aus der Hand. Halte ihr den Becher an den Mund, lasse sie Schluck für Schluck trinken. Um ihre unruhigen Hände zu beschäftigen, drücke ich ihr mein Halstuch in die Hand. Ich weiß aus meiner früheren Arbeit im Altenpflegeheim, dass Demenzkranke immer etwas nervös sind, dass sie ruhiger werden, wenn ihre Hände eine Beschäftigung bekommen. Aber Ria nicht. Nicht heute.

»Edwin«, sagt sie. Starrt auf ihre Hände, die krampfhaft versuchen, das Halstuch zu falten.

»Warst du wieder mit Edwin in Katzhütte?«, frage ich.

Keine Antwort.

»Oma?«

»Ja.«

»Warst du mit Opa in Katzhütte?«

»Sie sagen, dass er nicht mehr …«

»Was sagen sie, Oma?«

»Weil er das nicht machen kann.«

Ria blickt hoch, schaut an mir vorbei aus dem Fenster. Ihre Augen huschen von links nach rechts.

»Oma, du musst dir keine Sorgen machen.« Ich knie mich vor sie, streichele ihr über die Wange, lächele sie an. »Alles ist in Ordnung.«

»Ja?«, fragt Ria.

Sind das Tränen in ihren Augen?

»Ja«, sage ich.

Eine Viertelstunde sitze ich noch bei ihr, versuche, sie abzulenken, erzähle ihr von meinen Weihnachtsplänen. Monologe. Meine Worte erreichen sie nicht. Großmutters Gesichtszüge bleiben angespannt, ihr Körper unruhig. Nach einer Weile gebe ich auf. Sie hat heute einfach keinen guten Tag, sage ich mir. Vielleicht wandert sie wieder zwischen den Zeiten. Das nächste Mal wird es besser. Bestimmt. Vielleicht.

Ich schiebe Großmutter zurück in ihr Zimmer. Lasse sie in der Mitte des Raumes stehen, um hinter ihr die Tür zu schließen.

»Da«, sagt sie, als ich mich wieder zu ihr umdrehe. »Edwin!« Sie schaut zu der Frau, die mit ihr auf dem Zimmer liegt. Inzwischen ist es die dritte Zimmerkollegin, seit sie im Heim ist. Die anderen beiden sind gestorben. Und auch sie, Nummer drei, spricht nie ein Wort, wie die anderen zwei zuvor, auch sie schläft, wann immer man kommt, und wird regelmäßig vom Personal gedreht. Pflegestufe drei. Die letzte, die es gibt. Danach kommt nur noch der Tod.

»Oma, das ist nicht Edwin«, sage ich leichthin. »Das ist eine Frau.«

»Edwin!« Ihre Stimme klingt voller Sorge. Mehr noch. Voller Angst um ihn.

»Fahr mich hin.«

Ich betrachte die Bettlägerige näher. Ihr Gesicht ist kaum zu erkennen, so dick ist sie in die Bettdecke eingewickelt. Nur die Stirn und ihre Nase schauen heraus. Ihr Haar ist dünn, vorne hat sie eine Halbglatze. Wie ein Mann. Wie Edwin.

»Ria, das ist nicht Opa«, sage ich so laut und deutlich, wie ich kann, und noch während ich die Worte ausspreche, fügt sich alles zu einem Bild. Rias Unruhe und ihre Sorge um Großvater. Großmutter muss gehört haben, wie die Schwestern über die Patientin sprachen. Sie muss aufgeschnappt haben, dass die Frau, die mit ihr auf dem Zimmer liegt, nicht mehr lange zu leben hat. Und weil sie glaubt, diese Frau wäre Edwin, ihr Edwin, denkt sie, dass es Großvater ist, der stirbt.

»Warum fährst du mich nicht zu ihm?«

»Oh Gott«, murmele ich leise. Großmutters Worte, ihr Flehen, tut mir weh. Was soll ich tun? Wie soll ich ihr erklären, dass dieser Mensch im Bett nicht Großvater ist? Es ist wie bei einem Schock. Ich tue gar nichts, stehe einfach nur da. Unfähig mich zu rühren. Überfordert.

»Edwin«, sagt Ria wieder. »Edwin, warum sagst du denn nichts?«

Und dann, endlich, tue ich etwas. Nichts Gutes. Ohne eine Erklärung fahre ich sie aus ihrem Zimmer, in dem ihr »sterbender Mann« liegt, und bringe sie in den Aufenthaltsraum, in dem gerade eine Angestellte aus der Zeitung vorliest. Ich stelle Ria ab. Ich will nur weg hier. Weit weg.

»Mach's gut, Oma.« Ein schneller Kuss. Ich fliehe. Draußen fällt der erste Schnee.

15

Edwin ist vorbereitet. Den guten Anzug hat er schon vor Wochen in die Reinigung gegeben, gleich heute früh hat er ihn aus dem Schrank genommen und sorgsam auf sein Bett gelegt. Er hat sich gründlich rasiert. Er hat die Geschenke, Süßigkeiten für jeden, dazu eine Karte mit Geld darin, auf seinen Tisch gestellt. Wie gesagt, Edwin ist vorbereitet. Alles ist getan. Jetzt sitzt er untätig in seinem Sessel und wartet. Die Zeit ist zäh. Es ist kurz nach zwei Uhr an Heiligabend. In vier Stunden würde seine Enkelin kommen, um ihn abzuholen. Um Weihnachten zu feiern.

Gelangweilt blickt Edwin aus dem Fenster links von ihm, wo seit kurzem das neue Haus steht. Ein ganzes Jahr lang hat er beobachtet, wie das Einfamilienhaus gebaut wurde. Wie zuerst im Frühjahr das Fundament gelegt wurde. Auf seinen täglichen Spaziergängen die Straße runter links, links und wieder links, hat Edwin die Bauarbeiter gesehen. Bald kannte man sich, grüßte. Im Sommer, als Edwin draußen im Garten unter dem Kirschbaum saß, wurden die Wände hochgezogen. Beim Richtfest im Herbst hat er zugeschaut, draußen war es leicht windig, drinnen in seinem Zimmer liefen die Heizung und der Fernseher. Und dann kamen die Dachdecker, haben Ziegel um Ziegel, hochglänzende in Blau, auf dem Dach befestigt. Das war kurz bevor der erste Schnee fiel. Ein Haus wurde gebaut. Das Jahr, Edwins erstes im neuen Heim, verging. Wenn Edwin zu Scherzen aufgelegt war, erzählte er gern, dass er das vergangene Jahr als Lehrling auf dem Bau gearbeitet hätte, und erklärte haargenau, was er in den letzten Monaten durch sein Fenster beobachtet hat. Doch inzwischen gab es auf dem Grundstück neben ihm nicht mehr viel zu sehen. Das Haus war fertig. Die neuen Nachbarn waren kurz vor Weihnachten eingezogen.

Edwin sieht, dass gegenüber der riesengroße Flachbildfernseher läuft, zwei Kinder rennen durch das Zimmer. Gardinen haben die Nachbarn noch nicht. Er blickt auf seine Armbanduhr. Kurz vor drei. Noch drei zähe Stunden. Edwin lehnt sich zurück. Er würde gerne ein wenig schlafen, dann geht die Zeit schneller rum, doch der Lärm vor seiner Zimmertür lässt ihn nicht einschlafen. Er hört hektische Schritte, Rufe. Bald würde im Heim die Weihnachtsfeier beginnen. Mit Musik, Tanz und Stollen. Schon seit Tagen wurde der kleine Speisesaal geschmückt, seit gestern steht auch der Weihnachtsbaum. Edwin hätte es gern gehabt, wenn seine Enkelin mit ihm auf die Weihnachtsfeier gegangen wäre. Wenn überhaupt jemand zur Feier kommen würde. Aber sein Enkelsohn hatte nicht einmal angerufen, um ihm frohe Weihnachten zu wünschen. Das ärgerte ihn. Und seine Enkelin konnte nicht kommen, weil sie am Nachmittag zu Ria fahren wollte. Ria. Der Gedanke an sie schmerzte ihn. Eigentlich jeden Tag. Aber besonders heute. Vergangenes Weihnachten, genau heute vor einem Jahr, hatte er bei ihr am Bett gestanden und sich leise dafür entschuldigt, dass er sie verließ. Wieder einmal. Ende Januar war er gegangen. Fast ein Jahr, zehn Monate und 24 Tage, war das nun her. Seitdem hatte Edwin versucht, sein Leben neu zu sortieren. Versucht, sich mit sich selbst zu versöhnen. Seitdem hatte er Ria nicht mehr gesehen oder gesprochen. Das glaubten sie jedenfalls alle. Alle bis auf eine. Seine Schwiegertochter. Sie kennt die Wahrheit. Ihr hatte er es erzählt.

Es war im Frühjahr nach seinem Auszug gewesen. Ein warmer Tag im April. Gleich nach dem Frühstück hatte Edwin sich auf die Terrasse vorne vor dem Haus gesetzt, sich die ersten Sonnenstrahlen des Tages ins Gesicht scheinen lassen, Zeitung gelesen. Zuerst hatte Edwin alleine draußen gesessen, nach und nach waren auch andere dazugekommen: die Frau aus dem ersten Stock, die Dame zwei Zimmer weiter rechts von Edwins und noch eine, von der er nicht so genau wusste, wo ihr Zimmer liegt. Edwin kannte die Bewohnerinnen kaum, die sich dafür umso besser. Viele Bewohnerinnen des Heims haben früher auch in dieser Ecke gewohnt. In den Villen, in denen nun ihre Kinder wohnen. Man kennt sich und die Gegend, unterhält sich über diesen und jenen Nachbarn. Kaum hatten sich die drei Damen eingefunden, ging es los. Mit der Schnatterei, wie Edwin es nennt. Die Frauen quatschten und quatschten. Miteinander. Durcheinander. Edwin versuchte krampfhaft, sich auf seine Zeitung zu konzentrieren, las jeden Satz zweimal und musste doch nach einem Drittel des Artikels von vorne beginnen. Als die Pflegerin kam, um die Frauen auf einen Spaziergang mitzunehmen – »Herr Ludwig, Sie wollen nicht mitkommen?« »Nein, ich gehe später allein« –, und die Schar endlich hinter der nächsten Ecke verschwand, war Edwin dankbar. In Zukunft, beschloss Edwin, würde er sich in den hinteren Teil des Gartens setzen, da war zwar morgens Schatten, dafür hatte er dort seine Ruhe.

Es war nicht so, dass Edwin sich in seinem neuen Heim nicht wohl fühlte. Ihm gefiel die familiäre Atmosphäre, er genoss die Nähe zur Natur, er freute sich auf seine täglichen Spaziergänge, er mochte das Pflegepersonal, er nahm an den Bastelnachmittagen teil, und mit einigen Bewohnerinnen hatte er sich auch schon gut unterhalten. Aber er hatte mit neunzig Jahren eben so seine Gewohnheiten. Und Edwin hatte den Tag schon immer gerne still mit einer Stunde Zeitunglesen begonnen. Schon damals. Manchmal hatte er am Frühstückstisch mit Ria über den einen oder anderen Artikel gesprochen. Nie über Politik, das interessierte sie nicht. Oft haben sie auch nur beieinandergesessen. Ria hat in den Illustrierten geblättert, er in seiner Zeitung. Es war kein unangenehmes Schweigen, sondern ein vertrautes. An Sonntagen sind sie im Bett geblieben. Ria hat ihm dann den Kaffee gebracht, Edwin sich im Schlafanzug die Zeitung aus dem Briefkasten geholt.

Edwin blinzelte in die Sonne. Wie schön wäre es, wenn Ria jetzt neben ihm sitzen oder noch besser neben ihm im Bett liegen würde. Wie gerne würde er sie über seine Zeitung hinweg anlächeln. Sie berühren, sie küssen. Edwin hat schon lange keinen anderen Menschen mehr so anfassen können. Vor Wochen hatte er zuletzt jemanden umarmt. Es fehlte ihm. Wenn er könnte, dachte er, würde er jetzt einfach zu Ria fahren. Sie besuchen. Sie umarmen und küssen. Sie riechen.

Wenn er nur könnte. Könnte er? Warum eigentlich nicht?

Vielleicht waren es Frühlingsgefühle gewesen – so etwas soll es ja in seinem Alter auch noch geben –, die Edwin an diesem Tag voller Sehnsucht an Ria denken ließen. Die ihn, gleich nach dem Mittagessen, dazu bewogen haben, sich beim Pfleger ein Taxi zu bestellen. Die ihn haben einsteigen lassen und eine halbe Stunde zu Rias Heim fahren ließen. Die ihn ohne Angst und ohne sich darüber Gedanken zu machen, was passieren könnte, in das Heim gehen, hinauf in den ersten Stock und an Rias Zimmertür klopfen ließen. Bis er vor ihr stand. »Ria … Mädchen.« Aber dann. Edwin schüttelt mit dem Kopf. Er greift nach der Fernbedienung, schaltet den Fernseher ein. Er will nicht daran denken, wie der Tag weiterging. Wie alles schieflief, was nur hätte schieflaufen können. Wie er mit Wut im Bauch und Enttäuschung im Herzen wieder nach Hause in sein Pflegeheim fuhr. Edwin hat diesen Tag ganz unten in die Magengegend geschoben, dorthin, wo er sicher ist und nur selten hochkommt. Und wäre seine Schwiegertochter nicht an jenem späten Nachmittag zu ihm zu Besuch gekommen, gerade, als er von Ria zurückgekehrt war, hätte er auch ihr nicht davon erzählt. Ein schwacher Moment. Danach hat Edwin nie wieder über seinen Besuch bei Ria gesprochen. Wenn man niemandem davon erzählt, ist es so, als wäre es nicht passiert. Nur sich selber kann man nichts vormachen. Leider. Edwin weiß noch ganz genau, wie er an jenem Tag im Frühjahr zu Ria ins Zimmer kam. Wie er schnurstracks, ohne ein Wort zu sagen, auf sie zugegangen ist. Und dann, gedankenlos, er wollte nicht denken, nur fühlen, hat er sich zu ihr hinuntergebeugt und sie geküsst. Auf den Mund. Nicht schnell, wie sonst. Es tat so gut, sie zu küssen, sie roch wie immer. »Hallo, Mädchen«, hat er gesagt, während er sich langsam wieder aufrichtete, von ihr löste. Ria hat ihn angeschaut. Vielleicht hat sie leicht gelächelt, vielleicht nicht. »Hallo«, hat sie geantwortet. Sie sagte nicht »hallo, Edwin«, nicht »schön dich zu sehen«. Nur »hallo«. Er hat sich neben ihr Bett gestellt, die Euphorie war da schon weniger geworden, aber nicht verflogen. Edwin wollte Ria so viel erzählen. Von seinem neuen Zuhause, dem prachtvollen Garten mit dem Kirschbaum in der Mitte. Ach, er hatte sie so vermisst. So sehr vermisst. Doch bevor er etwas sagen konnte, fing sie an zu reden. Über Container, die bestellt werden müssen, und darüber, dass sie noch Wurst und Käse einkaufen müsse. Da hat Edwin gar nichts mehr gesagt. Nur dagestanden. Zehn Minuten blieb er. Dann ist er gegangen. Ria hat ihn nicht beschimpft. Sie hat ihm nicht vorgeworfen, dass er sie bestehlen oder betrügen würde. Aber sie hat seinen Namen nicht gesagt. Kein einziges Mal.

Edwin schaut auf seine Armbanduhr. Noch zwei Stunden. Er ist vorbereitet, die Vorfreude aber schwindet. Er ist missmutig. Und mit jeder Minute, die verstreicht, ist er es mehr. Sein Enkelsohn hat immer noch nicht angerufen, seine Enkelin kommt nicht zur Weihnachtsfeier. Mit seinem Cousin aus Katzhütte hat er heute Morgen telefoniert. Ob das Paket angekommen sei, hat er Edwin gefragt. Ist es nicht. Ach Ria.

Klopfen an der Tür. Eine Pflegerin mit rot-weißer Weihnachtsmütze auf dem Kopf und einem breiten Grinsen im Gesicht.

»Herr Ludwig, die Weihnachtsfeier fängt an. Kommen Sie? Es sind schon alle da.«

»Nein, meine Enkelin kommt jeden Moment und holt mich ab.«

Es ist eine einfache Ausrede, eine glaubwürdige noch dazu.

»Ach so, ja dann frohes Fest, Herr Ludwig.« Tür zu. Frohes Fest?

Wir sind spät dran, als wir in das Auto einsteigen. Kurz vor sechs Uhr. Wir werden es nicht schaffen, pünktlich bei Großvater zu sein, die kleine Feier (gemeinsam mit meinem Vater, seiner Frau und Tino) bei Ria hat länger gedauert als gedacht. Großmutter lag noch im Bett, als wir kamen, sie hatte am Vormittag wieder einen ihrer Ohnmachtsanfälle und wurde für zwei Stunden hingelegt. Ria war zwar wach, als ich zu ihr kam, aber bis die Pflegerin sie gewickelt, angezogen und in den Rollstuhl gesetzt hatte, bis wir endlich im Besucherraum saßen, dauerte es lang. Gerade eine gute Stunde hatten wir noch, um Weihnachten mit ihr zu feiern. Und dennoch, denke ich, während ich mich ein wenig erschöpft in den Autositz sinken lasse, war es ein guter Besuch. In letzter Zeit unterschied ich immer nur noch in diesen zwei Kategorien. Gute Zeit mit Ria, schlechte Zeit mit Ria. Gut war sie, wenn sie zwar wirr, aber freundlich redete, wenn sie aus welchem Grund auch immer lachte, wenn sie nicht weinte und nicht ängstlich war. Heute war so ein Tag. Ich glaube zwar nicht, dass Großmutter begriffen hat, dass heute Weihnachten ist, aber letzten Endes ist das ja auch egal.

Tino gibt Gas. Wir müssen uns beeilen. Schnell zu Edwin, ihn abholen, dann nach Hause zu meinen Eltern. Die nächste Feier. Ich freue mich auf den Abend. Sehr sogar. Noch nie hat Großvater bei uns Weihnachten gefeiert. Edwin wird gemeinsam mit uns Fondue essen, zum Nachtisch gibt es Spekulatius-Tiramisu, wie jedes Jahr zu Weihnachten. Großvater und ich werden heimlich über den Tannenbaum meiner Eltern spotten, der immer nur in zwei Farben und das auch noch bitte passend zur Inneneinrichtung geschmückt wird. Ich bin da eher wie Großvater, mag es bunt und nostalgisch, hänge gerne die runden Kekse mit den bunten Zuckerperlen, Handgearbeitetes aus Holz und große bunte Kugeln in den Baum. Wir werden auf Weihnachten anstoßen, und dieses Jahr aus richtigen Gläsern, die klingen, und nicht wie im letztem Jahr mit Pappbechern. Es wird festlich sein.

Er hatte sofort zugesagt, als ich ihn fragte, ob er dieses Jahr nicht zu uns kommen möchte. Natürlich habe ich ihn auch gefragt, ob er nicht mit bei Ria im Heim dabei sein möchte, aber sein »Nein« kam so schnell, so kurz und knapp, dass ich nicht weiter nachfragte. Seit Edwin im vergangenen Jahr aus- und in ein neues Heim eingezogen ist, umgehen wir das Thema »Besuch bei Ria«. Die ersten Wochen, bis nach dem Frühjahr, habe ich ihm immer wieder angeboten, gemeinsam zu Großmutter zu fahren. Und manchmal, so schien es mir, war er kurz davor, seinen Stock zu nehmen, seinen Mantel anzuziehen, seinen Hut aufzusetzen und mit mir zu ihr zu kommen. Ich dachte damals, es wäre nur eine Frage der Zeit, bis die Sehnsucht so groß werden würde, dass er sich traut. Ich habe mich getäuscht. Wir fuhren nie zu Ria. Das ganze lange Jahr nicht.

Wir parken vor Edwins Heim, laufen den gepflasterten Weg auf den Eingang zu. Aus den großen Fenstern des Erkers leuchten die Kerzen, an der Eingangstür hängt ein Kranz aus Tannenzweigen. Wir klingeln. Eine Pflegerin öffnet uns, Herr Ludwig sei in seinem Zimmer. »Ach, nicht bei der Weihnachtsfeier?«

Ohne anzuklopfen, trete ich bei Großvater ein. »Opa, da sind …« Ich stutze. Edwin sitzt in seinem Sessel in Pullover und fleckiger Hose. Der gute Anzug liegt ordentlich auf seinem Bett. Der Fernseher läuft. »… wir.«

»Ach, Nadine.« Großvater lächelt, schaltet den Fernseher aus, erhebt sich, umarmt mich.

»Frohe Weihnachten, Opa.«

»Frohe Weihnachten.«

»Du bist ja noch gar nicht fertig?«

Edwins Lächeln verschwindet.

»Nein.« Dann sagt er: »Ich komm nicht mit, ich bleibe lieber hier.«

»Was, aber warum denn?«

»Walter hat nicht angerufen.«

Walter ist Edwins verstorbener Sohn. In letzter Zeit bringt Edwin häufiger die Namen durcheinander. Aber ich weiß, wen er meint. Er meint seinen Enkelsohn.

»Und deshalb willst du nicht mitkommen?«

»Ich würde mit meiner Laune allen nur das Fest verderben.«

»Bestimmt nicht.«

»Ich will nicht.«

»Aber mein Weihnachtsgeschenk für dich ist zu Hause.« Ein Fotokalender. Bilder von Edwin mit Ria. Ria und ich. Ich und Edwin. Zwei Tage habe ich gebraucht, um den Kalender fertigzustellen. Fünf Alben durchgeblättert.

»Ist doch egal«, sagt Edwin. Autsch.

»Opa, komm jetzt mit!«, sage ich ungeduldig. Ich bin gestresst, habe wenig Verständnis und noch weniger Zeit für seine Launen. Spätestens in einer Stunde wird das Essen auf dem Tisch stehen.

»Nein.«

»Opa!«

»Mach mich nicht wütend, sonst schmeiß ich dich raus!« Die Ader auf Edwins Stirn wird dicker. Pulsiert.

»Frohe Weihnachten, Opa!«

Wütendes Schweigen auf beiden Seiten. Dieser alte Sturkopf, denke ich. Manchmal frage ich mich ernsthaft, wie Großmutter es mit ihm ausgehalten hat. Versetzt uns, weil sein Enkel nicht angerufen hat. Oder steckt etwas anderes dahinter? Kann sein. Kann nicht sein. Großvater war schon immer schnell beleidigt. Und sensibel. Vielleicht ist es wirklich der fehlende Anruf. Wir ziehen unsere Mäntel aus, setzen uns zu ihm. Sind verständnisvoll. Schließlich ist Weihnachten. Die Zeit verstreicht.

»Opa?«, sage ich nach einer Weile. »Wir müssen jetzt los.«

»Ich weiß. Dann fahrt doch auch.«

»Und du willst wirklich nicht mit? Ich würde mich so freuen.«

»Nein. Ich gehe hier zur Weihnachtsfeier.«

Ich weiß, dass er lügt. Ärgere mich über seine Lüge. Über seine Art. »Na gut, dann wünsch ich dir viel Spaß«, sage ich nicht ohne Sarkasmus in der Stimme. Wenn er unbedingt einsam sein will, bitte schön. Mir doch egal.

»Danke«, sagt Edwin. Seine Stimme klingt neutral. Den Sarkasmus hat er wohl nicht verstanden.

»Tschüss Opa, mach's gut.«

»Tschüss.«

*

Nachdem Edwin uns zur Eingangstür gebracht hat, kehrt er in sein Zimmer zurück, zieht sich aus und seinen Schlafanzug an, legt sich ins Bett, dreht den Fernseher, den er während des Besuchs leise gestellt hat, wieder lauter. Aus dem Aufenthaltsraum hört er Stimmengewirr von der Weihnachtsfeier. Gelächter. Musik. Sein Telefon schweigt. Die Stimmen aus dem Aufenthaltsraum dagegen werden lauter, er drückt auf den Knopf der Fernbedienung. Maximale Lautstärke.

Halb acht. Sein Enkel wird wohl nicht mehr anrufen. Seine Laune ist auf dem Tiefpunkt. Aber deswegen? Wem will er hier eigentlich etwas vormachen? Es ist wie mit dem heimlichen Besuch bei Ria. Wenn man niemandem davon erzählt, ist es so, als wäre es nicht passiert. Wenn man niemandem den wahren Grund für seine Stimmung verrät, kann man sich einbilden, es wäre wegen eines Anrufs, auf den man wartet.

Viertel nach acht. Eine Pflegerin schaut in Edwins Zimmer. Herr Edwin Ludwig schläft, der Fernseher läuft noch. Die Pflegerin stellt ihn aus.

16

»Immer wieder denk ich dran, wann für uns das Glück begann, nicht im Sommer, nicht im Mai, nicht im Herbst beim Duft von Heu.«

Silvester 2006, um kurz nach zwölf, als die ersten Raketen in die Luft schossen, tanzten sie. In der Wohnstube. Unter dem Leuchter aus Hirschgeweih. Sie hatten sich schick gemacht füreinander. Er trug sein gutes Jackett, Ria ihr samtgrünes Dirndl. Edwin hatte es ihr geschenkt. Weil sie so hübsch darin aussah und weil sich der Stoff so weich zwischen seinen Fingern anfühlte. Edwin hielt Ria fest im Arm, drehte sich mit ihr. Runde für Runde. Nur sie beide. Jahr für Jahr.

»Es war zur Winterszeit, es was kalt und hat geschneit, doch im Saal, da tanzten wir …«

Es war schon bald nach ihrem Wiedersehen, nicht einmal ein Jahr waren sie ein Paar, als Edwin einen Herzinfarkt erlitt. Ganz plötzlich. Sie waren zu Hause in ebenjener Wohnung, in der Ria auch schon mit Friedel gelebt hatte. Edwin saß in seinem Wohnzimmer, als es passierte. Ria in ihrem.

Der Notarzt kam schnell. Ria hatte ihn gleich alarmiert, als Edwin sie rief. Als sie in sein Zimmer lief und sah, wie Edwin sich an die Brust griff. »Das war knapp«, hatte der Arzt gesagt. Ria hatte geweint. Den ganzen Weg zum Krankenhaus und auch noch, als Edwin längst in seinem Zimmer lag. Sie blieb die Nacht bei ihm am Bett. Schaute zu, wie seine Brust sich hob und senkte, blickte hilflos auf die Monitore mit den bunten Kurven und Zahlen, die sie doch nicht verstand. Beinahe hätte sie den Mann, der erst so kurz der ihre war, wieder verloren. Beinahe wäre die Geschichte von Edwin und Ria an diesem Tag zu Ende gegangen. Das Leben hatte etwas anderes vor. »Sie können nach Hause fahren. Schlafen Sie ein bisschen. Herr Ludwig ist außer Lebensgefahr«, sagten die Ärzte.

Zwei Wochen war Edwin im Krankenhaus. Zu lange, beschloss Ria. Als Edwin zur Kur musste, fuhr sie mit. Als Ria ein paar Jahre später eine neue Hüfte bekam, begleitete Edwin sie in die Reha. »Ich lass dich nicht mehr los«, hatte Edwin ihr versprochen. Sie hielten sich fest.

»… und ich sagte verliebt zu dir: Den Schnee-, Schnee-, Schnee-, Schneewalzer tanzen wir!«

Freitags brachte Edwin Ria immer Blumen vom Markt mit. Orchideen, Rosen oder Anthurien, die sie so gerne hatte. Samstags führte er sie aus. Zu Bei Melis in die Eckkneipe. Am Sonntag fuhren sie raus, nach Bad Nenndorf oder in den Harz. Ria am Steuer, Edwin neben ihr. Seit jenem Tag im Juli beim Fest der Schützen war es stets Ria gewesen, die das Auto fuhr. Edwin war immer ihr Beifahrer geblieben. Es war nicht so, dass er nicht auch gerne gefahren wäre, aber er brachte es nie über sich, ihr das zu sagen. Ria hatte solchen Spaß daran, die Berge im Harz rauf- und runterzufahren, über die Autobahn zu rasen. Ria liebte das Autofahren, und Edwin liebte Ria.

»Ich mit dir, du mit mir! Beim Schnee-, Schnee-, Schnee-, Schneewalzer Arm in Arm wird dir und mir auch im Winter so wohlig warm!«

Immer morgens, nachdem er die Zeitung gelesen hatte, fuhr Edwin in den Schrebergarten. Mit dem Fahrrad holperte er über das Kopfsteinpflaster ihrer Straße, Reichhelmstraße, eine Sackgasse, dann über die Kreuzung, ein Stück flussabwärts die Leine entlang, über die Brücke. Oben, direkt in der Mitte der kleinen Brücke blieb Edwin immer stehen, lehnte sich ans Geländer und beobachtete, wie das Wasser unter ihm vorbeifloss. Erst dann fuhr er weiter. Manchmal pfiff er dabei.

Der Garten war ein Paradies direkt am See, mit eigenem Steg, einer kleinen Laube und einem Wohnwagen. Im Sommer pflückte Edwin die Brombeeren von der Hecke und mähte den Rasen. Im Herbst erntete er die Äpfel und kehrte das Laub. Im Winter saß er einfach nur im Wohnwagen, machte Feuer in dem eingebauten Ofen. Mittags, kurz vor ein Uhr, radelte er wieder heim. Über die Brücke an der Leine entlang, über die Kreuzung, dann in ihre kleine Straße mit dem Kopfsteinpflaster hinein. Manchmal klingelte er schon von weitem. Dann wusste Ria, dass Edwin nun nach Hause kommen würde.

»Wir haben es schön«, sagte Ria manchmal, wenn sie beim Mittagessen saßen, in der Küche, in der sie schon mit Friedel gesessen hatte. In der Küche, in der Friedel den Teller vom Tisch gefegt hatte, wenn ihm das Essen nicht schmeckte. Edwin schmeckte immer, was Ria kochte. Zumindest fast immer. Er beschwerte sich nicht, wenn das Gemüse mal etwas zu salzig war, und wenn Salz fehlte, würzte er eben nach. »Ja Mädchen, wir haben es schön«, sagte er. Dann stand er auf, legte sich in seinen Sessel. Am Nachmittag würde er wieder in den Garten fahren. Ria

würde mit dem Auto nachkommen. Sie würde Kuchen und Kaffee mitbringen. Ihren Marmorkuchen, den sie jede Woche backte. Sie würden in ihrem Garten am See sitzen, zwischen Apfelbäumen, Laube und Brombeerhecke und sich sagen, wie schön sie es hatten.

> *»Und wenn rot die Rosen blüh'n und die Wiesen sind so grün und der Mond sieht unser Glück, denk ich oft und gern zurück.«*

Jedes Jahr im Juli, am ersten, dem Tag, an dem aus Ria und Edwin endlich ein Paar geworden war, feierten sie ihr Wiedersehen. Sie machten ein Fest im Schrebergarten, einmal waren sie mit Edwins Cousin und seiner Frau im Harz, in Buntenbock haben ihre »silberne Hochzeit« gefeiert. Es war ihr heimlicher Hochzeitstag, auch wenn sie nie geheiratet hatten. Hin und wieder hatte Edwin sich überlegt, ob er Ria einen Antrag machen sollte. Aber so schnell der Gedanke kam, so schnell hatte Edwin ihn auch wieder verworfen. Die Ehe hatte sie beide nicht glücklich gemacht. Außerdem, für Edwin war Ria seine Frau. Auch ohne Trauschein. Sie war es schon immer.

> *»An den Schnee im Januar, als die Welt verzaubert war, bei dem ersten Tanz mit dir, und dann singst du wie einst mit mir.«*

Einmal im Jahr dann der Urlaub in Katzhütte. Der alten Heimat. In einer kleinen Pension, direkt am Wald, nicht weit von Edwins Elternhaus, kehrten sie ein. Im »Amselheim«, das Zimmer nach hinten raus. In den Wäldern Thüringens gingen sie spazieren.

Manchmal sammelte Edwin Pilze, die an den Bäumen wuchsen. Zu Hause in Hannover würde er daraus etwas basteln. Eine einfache Uhr mit Schwammpilzen und Steinchen verzieren. Solche Dinge. Ria fand Edwins Bastelei albern und selten schön – aber sie ließ ihn. Jeder hatte seine Macken und Kanten. Das war nun einmal so. Und außerdem, Edwin hatte solche Freude daran. Die absurdesten Gegenstände bemalte und beklebte er. Selbst Gartenzwerge blieben nicht einfach Gartenzwerge. Edwin sprühte sie an. In Silber. Manchmal auch in Gold. Ria musste immer heimlich lachen, wenn sie zwischen den Rabatten im Schrebergarten wieder einen neuen Gartenzwerg, ganz in Silber, entdeckte.

Sie streiften durch die Wälder, bis sie Hunger hatten. In einer Gaststube kehrten sie ein, aßen Wild. Ria genoss es, essen zu gehen, Edwin führte sie gerne aus. »Es gibt nichts Schöneres, als sich an einen gedeckten Tisch zu setzen«, sagte Ria immer.

Abends, wenn es draußen dämmerte und in der Pension Amselheim die ersten Lichter angingen, setzten sie sich ans Fenster. Der Wirt hatte draußen eine Futterkrippe mit Heu aufgestellt. Jeden Abend kamen die Hirsche und Rehe. Jeden Abend schauten Edwin und Ria ihnen beim Fressen zu, saßen leise, fast reglos am Fenster. Edwin legte dann den Arm um Ria, manchmal hielt er auch nur ihre Hand. Wortlos glücklich saßen sie da. Edwin und Ria. Ein altes, junges Paar.

»Den Schnee-, Schnee-, Schnee-, Schneewalzer tanzen wir!«

Als die letzten Takte der Musik verklungen waren, hielt Edwin Ria im Arm. Fühlte den Stoff des Dirndls über ihren Hüften. Der Stoff spannte etwas. Ria war runder geworden die letzten Jahre. Immer noch wunderschön, fand Edwin. Ihre Haut war so weich wie damals, in ihren Au-

gen sah er dasselbe Leuchten. Im Juli des neuen Jahres würde es sechsunddreißig Jahre her sein, seit er sein Mädchen wiedergefunden hatte. Viel war seitdem passiert, im Guten wie im Schlechten. Rias Sohn hatte geheiratet, ein Kind bekommen und sich dann wieder scheiden lassen. Edwins Sohn war an einem Herzinfarkt gestorben. Auch Irmgard lebte nicht mehr. Freunde waren gekommen und gegangen. Viele waren schon tot. Edwin und Ria waren älter geworden, die Beschwerden mehr. Ria hatte Rheuma und Arthrose, Edwin den grauen Star. Und doch: An Abenden wie diesem war es Edwin, als sei es noch gar nicht so lange her, seit er als junger Mann mit seiner verdreckten Soldatenuniform in Onkel Erwins Küche stand. Seit er Ria zum ersten Mal küsste am Südufer vom Maschsee und sie jede Nacht zu ihm in die Küche schlich. Seit er Ria von Irmgard erzählte und sie mit ihm nach Katzhütte fuhr, auf der Lok hinter dem Schornstein, aus dem die Funken auf ihren Pepitamantel sprühten. Seit er Irmgard sein Jawort gab und Ria verlor. Seit er sie wiederfand, damals als Fünfzigjähriger. Verliebt wie ein Teenager war er gewesen. Verrückt nach ihr und ihrem Geruch. An Abenden wie diesen war er es wieder – ein verliebter Mann. Mit 85 Jahren. »Ein frohes neues Jahr, Ria«, sagte Edwin.

17

An einem Sonntagnachmittag im August. Auf der Straße vor der Villa rasen Kinder mit ihren Fahrrädern hin und her, auf der Terrasse sitzen fünf ältere Damen bei Kaffee und Kuchen und halten einen Plausch. Ich gehe durch die kleine Pforte, grüße die Frauen von weitem. »Herr Ludwig ist hinten im Garten«, ruft mir eine von ihnen zu. Sie kennen mich, wissen, dass ich seine Enkelin bin. Links an der Villa vorbei führt ein gepflasterter Weg in den hinteren Teil des Gartens. Im Schatten unter dem Kirschbaum, der voll behängt ist mit dunkelroten Kirschen, sitzt Großvater auf einer Liege. Vor ihm stehen Töpfe mit Blumen, neben ihm steht ein Sack Erde. Seine Hände stecken in den Blumentöpfen, drücken die frische Erde fest. Edwin ist so mit dem Umtopfen der Blumen beschäftigt, dass er mich erst bemerkt, als ich schon vor ihm stehe.

»Hallo, Opa«, sage ich.

»Hallo, Nadine. Das ist ja eine schöne Überraschung. Wie geht es dir?«

»Gut«, sage ich. »Und wie geht es dir?«

»Ich bin zufrieden.« Großvater rückt seine Schiebermütze zurecht. Sein Gesicht und seine Unterarme sind von der Sonne leicht gebräunt. Ich setze mich neben ihn auf die Liege.

»Soll ich dir helfen?«

»Gern.«

Gemeinsam befreien wir eine Pflanze von ihrer alten Erde, füllen neue in den Topf. Früher, in Großvaters Schrebergarten, haben wir oft gemeinsam in der Erde gebuddelt, haben im Frühjahr neue Samen gesät, im Sommer die Blumen gegossen, im Herbst die alten Pflanzen herausgerissen. Heute topft Edwin Zimmerpflanzen um. Es ist nicht dasselbe wie damals, aber es geht ihm gut damit. Wenn die Sonne scheint, sitzt er oft hier draußen im Garten. Meistens alleine im hinteren Teil, wo er seine Ruhe hat. Das Geschnatter der Weiber könne er nicht ertragen, sagt er. Die Frauen würden den ganzen lieben langen Tag nur tratschen. Und Edwin ist der einzige Mann im Heim. Hier hinten hat er seine eigene Liege, seinen eigenen Tisch und seine Ruhe. Edwin genießt das.

Nur manchmal, wenn Musikgruppe ist, setzt Edwin sich »zu den Weibern«, wie er sagt. Dann spielt er Mundharmonika, die Sozialpädagogin im Heim Gitarre und die Frauen singen dazu. Vor ein paar Monaten hat Edwin sich extra eine neue Mundharmonika gekauft. Seine alte, auf der er vor zig Jahren das letzte Mal gespielt hat, klang nicht mehr. Also sind wir gemeinsam in die Stadt gefahren und haben eine Mundharmonika von Hohner gekauft. Das war ihm wichtig. Die einzig gute Marke, wie er sagt. Jetzt übt Edwin fast täglich. Und wenn eine der Frauen im Heim Geburtstag hat, spielt er ihr ein Ständchen. Erst neulich hat er einer bettlägerigen Frau etwas vorgespielt. Pfleger Hans, ein kräftiger Mann mit wenig Haar, der für Edwin die Zeitung abonniert hat und mit dem er manchmal, wenn Hans Pause hat, bei sich im Zimmer Fußball schaut, hat ihn darum gebeten. »Herr Ludwig, spielen Sie ihr doch was vor. Es wird wohl ihr letzter Geburtstag sein.« Da hat Edwin seine Mundharmonika genommen, sich ans Bett der alten Dame gesetzt und ihr »Hoch auf dem gelben Wagen« vorgespielt. Das hatte sie sich so gewünscht.

Ich stehe von der Liege auf, hole noch ein wenig frische Erde aus dem Sack. Als ich mich wieder setze, fragt er: »Und, warst du einmal bei Ria?«

Vor ein paar Monaten noch habe ich gezuckt, als Edwin mir diese Frage stellte. Jetzt zucke ich nicht mehr. Ich weiß ja, dass diese Frage kommt. Jedes Mal, wenn ich ihn besuche, stellt Edwin sie mir. Und trotzdem: nie weiß ich so genau, was ich darauf antworten soll. Weil ich weiß, was seine zweite Frage sein wird. Heute entscheide ich mich für die Wahrheit.

»Ja, ich war bei Oma. Gestern erst.« Wir drücken die Erde fest.

»Und, fragt sie manchmal nach mir?«

Da ist sie. Die zweite Frage. Die Frage, mit der ich mich so schwertue. Weil die Antwort so schmerzhaft ist.

»Sie spricht viel von dir«, sage ich ausweichend, und irgendwie stimmt das ja auch. Schließlich erzählt mir Großmutter oft, dass sie mit Edwin in Thüringen war, wenn ich komme, um sie zu besuchen. In ihrer Welt ist er bei ihr. Oft. Nur nach ihm fragen, das tut sie eben nicht.

Großvater nickt wohlwollend. Doch ich kenne ihn besser. Es ist nicht das, was er gerne hören würde. Edwin würde gerne hören, dass Ria fragt, wie es ihm geht. Dass sie sagt, dass sie ihn vermisst, und dass sie fragt, ob er sie nicht mal besuchen kommen will. Aber es ist anderthalb Jahre her, seit Edwin Ria zuletzt gesehen hat. Schon damals konnte man sie nur verstehen, wenn man zwischen den Zeilen las, wenn man sich zusammenreimte, was sie einem eigentlich sagen wollte. Heute kann Ria nicht mehr fragen, wie es Edwin geht, selbst wenn sie wollte. Sie ist zu krank.

»Opa, Oma ist zu verwirrt, weißt du? Ich kann mich gar nicht mehr mit ihr unterhalten. Ich …«

»Ja, ich weiß«, fällt er mir unwirsch ins Wort. »Ist ja auch nicht weiter schlimm. Ich wollte es nur wissen. Es hätte ja sein können, dass sie fragt.« Edwin drückt die Erde jetzt so fest in den Topf, dass seine Finger Abdrücke auf der Erde hinterlassen. Dabei sagt er: »Ich bin ja auch darüber weg.«

Wem will er denn jetzt etwas vormachen? Mir oder sich? Ich will schon etwas erwidern, aber dann verbiete ich mir den Mund. Es ist so ein schöner Sommertag, ich will Großvater weder betrüben noch wütend machen. Also schlucke ich es hinunter. Stattdessen sage ich: »Was hältst du davon, wenn wir einen Ausflug machen?«

»Wohin denn?«, grummelt er.

Ich stehe auf, klopfe mir die Erde von den Händen. »Lass dich überraschen«, sage ich. Und dann kann ich ihm doch noch ein Lächeln entlocken.

*

Eine Stunde später – Edwin musste sich noch umziehen, die Haare kämmen und »Irish Moos« auflegen – stehen wir am Nordufer des Maschsees. Auf der anderen Seite des Sees, an dem mit Ria alles begann, an dem See, an dem Edwin oft mit dem Fahrrad spazieren fuhr. »Ich war lange nicht mehr hier«, sagt er.

»Ja, ich weiß«, sage ich. »Ich dachte, es würde dir gefallen, mal wieder herzukommen und spazieren zu gehen.« Wir gehen die Promenade entlang, vorbei an dem Café, das es, so erzählt Großvater, hier schon immer gab. Nur der Besitzer und der Name hätten gewechselt. Vorbei an der roten, sechs Meter hohen Kunstfigur aus Metall, die am Ufer steht und von der wir beide nicht wissen, was sie eigentlich zu bedeuten hat oder was sie darstellen soll. Wir biegen gerade auf die lange Allee ab, da fängt Großvater an zu erzählen. Davon, wie er damals, als er kurz nach dem Krieg nach Hannover kam, das erste Mal an diesem künstlichen See vorbeigelaufen ist. Davon, wie er Ria hier geküsst hat und mit ihr spazieren ging. Wie sie später, als sie wieder zusammenkamen, hier sonntags spazieren gingen. Edwin erzählt und erzählt. Er erzählt mir seine Geschichte. Ihre Geschichte. Vieles davon kenne ich bereits. Einiges höre ich zum ersten Mal an diesem Tag. Manches klingt nach Räubergeschichte. Aber schön ist es.

Großvater ist am Ende seiner Geschichte angelangt, am Ende seines Lebens. Mit den Gedanken in der Vergangenheit gehen wir langsam nebeneinander her, sein Arm in meinen eingehakt. »Edwin«, sage ich.

»Mhm.«

»Ich glaube, ich würde eure Geschichte gerne aufschreiben.«

»Welche?«

»Rias und deine. Also, wenn du einverstanden bist.« Großvater blickt aufs Wasser. »Und, bist du?«, frage ich. Edwin schaut mich an. Vielleicht liegt es daran, dass man am Ende seines Lebens Zeugnis ablegen möchte, vielleicht auch nur daran, dass man sich wünscht, dass etwas von einem bleibt. Aber als ich Großvater frage, ob ich seine, ob ich ihre Geschichte aufschreiben darf, entdecke ich keine Zweifel oder Argwohn, sondern Freude und auch so etwas wie Stolz in seinem Gesicht. Edwin lächelt leicht. »Ja«, sagt er. »Das bin ich.«

»Dann müssen wir uns aber oft sehen und du musst mir alles ganz genau erzählen.«

Edwin grinst breiter.

»Und wir sollten gemeinsam nach Thüringen fahren, damit ich sehe, wo du und Oma herkommen und wo ihr immer wart.«

Edwin lacht. Ich freue mich. Freue mich mit ihm. Für uns. Dann denke ich, wie schade es ist, dass wir Ria nicht mitnehmen können. Ich wäre gerne mit beiden nach Katzhütte gefahren. Aber das sage ich nicht. Das zweite Mal an diesem Tag verbiete ich mir den Mund, um ihn nicht traurig zu machen.

Wir schlendern weiter. Ein paar Meter vor uns steht ein Eiswagen. »Opa, willst du ein Eis?«, frage ich ihn. Großvater schüttelt mit dem Kopf.

»Sicher?«

»Sicher.«

»Ich geh schnell und hole mir eins«, sage ich, »setz dich doch auf die Bank.«

Ich stelle mich in der langen Schlange zum Eiswagen an, Großvater sitzt auf der Bank und schaut aufs Wasser. Als ich vorne am Wagen stehe, die Füße auf die Stufe stelle, so dass man ein bisschen höher steht und die Sorten anschauen kann, muss ich an den Eismann in meiner Kindheit denken. Jeden Tag fuhr der Eiswagen die Schotterstraße vor Opas Garten entlang. Die Klingel war so laut, dass ich sie selbst am See hören konnte. Barfuß und im Badeanzug bin ich zu Großvater gerannt, habe mir von ihm 50 Pfennig für eine Kugel geben lassen. Dann weiter über den Rasen raus aus dem Garten auf die Schotterstraße. Ich war immer ein bisschen spät dran, der Eiswagen war schon eine Straße weiter gefahren, ich musste schnell rennen. Und dann – in meiner Erinnerung war es jeden Tag so, aber das kann ja nicht sein – passierte es. Ich fiel. Auf der staubigen Schotterstraße mit Schlaglöchern, barfuß und im Badeanzug, stolperte ich, weil ich auf einen der spitzen Steine trat, ein Schlagloch nicht sah, warum auch immer. Ich fiel auf meine Knie. Als ich nach ein paar Minuten zurück in den Garten kam, waren meine Knie aufgeschürft, manchmal heulte ich auch. Aber ich hielt mein Eis in der Hand. Waldmeister. Großvater hat den Gartenschlauch genommen und mit dem eiskalten Wasser den Dreck aus der Wunde gespült. »Bis du heiratest, ist das wieder verheilt«, hat er gesagt. Ich fand den Spruch blöd. Meine Knie taten weh.

»Was möchten Sie?«, fragt der Mann hinter der Eistheke. Für einen Moment bin ich versucht, Waldmeister zu nehmen. Aber dann besinne ich mich eines Besseren. Manche Dinge schmecken nur in der Kindheit gut, und wenn man sie dann nach Jahren als Erwachsene wieder isst, ist man enttäuscht. »Eine Kugel Walnuss, bitte«, sage ich. Mit meinem Eis kehre ich zu Großvater zurück, setze mich neben ihn auf die Bank, drehe mein Gesicht zur Sonne. »Weißt du noch, als der Eiswagen immer im Garten kam?«, frage ich ihn.

»Du hattest jeden Sommer kaputte Knie«, sagt er.

»Ja«, sage ich. »Und du hast gesagt, bis ich heirate, ist alles verheilt.«

Edwin blickt auf meine Knie, ich trage ein kurzes Sommerkleid. »Stimmt ja auch.« Edwin lacht. Dann sagt er: »Ich würde gerne in den Garten fahren.« Edwins Schrebergarten ist nicht weit vom Maschsee entfernt, mit dem Fahrrad sind es vielleicht zehn Minuten, mit dem Auto höchstens fünf.

»Machen wir, wenn ich mein Eis aufhabe«, sage ich.

»Darf ich mal probieren?« Ich reiche ihm mein Eis. »Ich möchte doch eins.« Wortlos überlasse ich Großvater mein Eis, gehe zum Eiswagen, um mich erneut anzustellen. Vielleicht sollte ich es noch einmal mit Waldmeister probieren.

*

Die Sonne steht schon tief, als wir den kleinen Trampelpfad am See entlanglaufen. Wir wollen uns von hinten anschleichen und in den Garten sehen, nachschauen, was noch so ist wie früher und was die neuen Besitzer verändert haben. Vor ein paar Jahren, als Großvater körperlich nicht mehr so konnte, wie er wollte, haben meine Großeltern sich entschlossen, den Schrebergarten aufzugeben.

Allein schon der Weg zum Garten steckt voller Erinnerungen. Die kleine Ausbuchtung, in der ich mich im Sommer einmal versteckt habe. Großvater suchte mich stundenlang. Ich kann mich nicht mehr erinnern, warum ich mich versteckte oder ob wir vorher Streit hatten – aber an Großvaters Erleichterung, als er mich fand, seinen Gesichtsausdruck und wie er mich dann in die Arme schloss, erinnere ich mich noch ganz genau. Dann kommt der Garten von Sevings, der Steg, an dem das Wasser so flach ist, dass man stehen kann und wo ich mit einer Freundin stundenlang Miesmuscheln gesucht habe. Wer die meisten fand, hatte gewonnen. Ich fand 72 Stück. Stundenlang gesucht, nur um sie dann wieder ins Wasser zu schmeißen. Und dahinter auf der linken Seite: unser alter Garten. Der dunkelbraune Holzzaun, die Brombeerhecke.

»Hey, sie haben dein Schild abgenommen«, sage ich. Großvater war es leid, dass alle Nachbarn seine Brombeeren pflückten. Also hat er ein Schild aufgehängt: »Vorsicht, verstrahlt«. Die Brombeeren wurden weiterhin gegessen, niemand glaubte ernsthaft, dass die Beeren verstrahlt waren, das Schild ließ Großvater trotzdem hängen. Jetzt haben die neuen Besitzer es abgehängt.

Wir lehnen uns an die Holzpforte, blicken in die Vergangenheit. Die Apfelbäume, zwischen denen mir Großvater eine Hängematte gespannt hatte, stehen noch, und auch die Holzlaube sieht aus wie früher. Ganze Sommer haben wir dank dieser Laube im Garten verbracht. Es war ja auch alles da, was man brauchte: ein Herd, ein Kühlschrank, ein Bett, ein Bad mit Toilette und Dusche. Tagsüber bin ich im See geschwommen, bis zur Naturinsel in der Mitte. An einem Baum hing ein Seil, an dem man sich wie Tarzan in die Höhe schwingen und ins Wasser platschen konnte. Und dann, wenn ich müde wurde, habe ich mich in die Hängematte zwischen den Apfelbäumen gelegt, in die Baumwipfel geschaut und davon geträumt, wer ich später einmal sein möchte. Irgendwann schlief ich ein, und wenn ich erwachte, stand Opa meist schon am Grill, Oma war in der Laube und machte Salat.

Während ich in den Schrebergarten schaue, der nicht mehr meiner ist, merke ich, wie ich wehmütig werde. Für Großvater und mich gab es nie einen schöneren Platz auf der Welt als diesen Garten. Egal, zu welcher Jahreszeit. Das Schwimmen im Sommer oder auch die Zeit im Winter, wenn Großvater den Ofen anmachte, wenn er auf dem gefrorenen See den Schnee wegschob, damit ich Schlittschuh fahren konnte, die Zeit im Frühjahr, wenn das Hochwasser kam. Einmal stand es so hoch, dass Großvater und ich mit einem Schlauchboot durch den Garten gefahren sind. Es war nie langweilig hier, immer ein Abenteuer.

Ich linse zu Großvater hinüber, will wissen, ob auch er wehmütig ist. Edwin bemerkt meinen Blick. »Was ist?«, fragt er.

»Ach, nichts.« Dann gebe ich mir einen Ruck: »Bist du traurig, dass du deinen Garten nicht mehr hast?«

»Nein. Der Garten im Heim ist doch auch schön.«

Kritisch schaue ich ihn an. Macht er mir was vor? Nein, denke ich. Edwin meint es so, genau so, wie er es sagt. Er ist zufrieden mit dem Garten, den er hat.

Auf der Heimfahrt sind wir voller Pläne, voller Tatendrang. Gleich morgen würde Edwin seinen Cousin in Katzhütte anrufen und ihm sagen, dass wir ihn im Frühjahr besuchen kommen. »Opa, das ist doch noch ein halbes Jahr hin«, werfe ich ein. Aber Edwin hört es gar nicht. Und nächstes Wochenende soll ich ihn wieder besuchen.

Edwin wird sich Stichpunkte machen. Er wird mir sein Leben erzählen.

Ich setze Großvater im Heim ab, bringe ihn noch auf sein Zimmer. Der Tagesausflug hat ihn ermüdet, er will sich ein wenig hinlegen und dösen. Bevor ich gehe, die Tür hinter mir schließe, schaue ich noch einmal zurück. Edwin liegt entspannt in seinem Sessel, die Augen auf halb acht. Die Blumen, die wir umgetopft haben, stehen auf seiner Fensterbank. Mir fällt wieder Großvaters immer gleiche Frage nach Großmutter ein und die Enttäuschung, wenn er hört, dass sie nicht nach ihm fragt. Nein, denke ich, Edwin ist nicht glücklich ohne Ria. Aber es geht ihm gut.

18

Wintergraues Berlin. Es ist einer der Tage, an denen es nie richtig hell zu werden scheint und ich nicht richtig wach. Es ist am frühen Nachmittag. Den obligatorischen Mittagsschlaf habe ich schon hinter mir. Den ersten Kaffee zum Wachwerden auch. Ich seufze. Gähne. Starre auf den Bildschirm. Auf die Seite, die nur halb gefüllt ist. Seit ein paar Wochen sitze ich nun an diesem Buch über meine Großeltern. Doch heute, heute läuft es nicht gut. Jedes Wort ist eine Qual, jede Zeile ein Kampf. Ich drehe mir eine Zigarette. Mein Handy klingelt. Eine Telefonnummer, die ich nicht kenne. Trotzdem gehe ich ran. Ich bin dankbar für jeden Anruf, jede Ablenkung ist willkommen.

»Nadine, hier ist Gaby. Gott sei Dank, die Nummer funktioniert ja noch.« Ich brauche ein paar Sekunden, um zu wissen, wer am anderen Ende der Leitung ist. Gaby ist die Schwiegertochter meines Großvaters, die Frau seines verstorbenen Sohnes. Ich kenne sie von Großvaters Geburtstag und von Weihnachten. Wir haben nicht viel miteinander zu tun, unsere Gemeinsamkeit ist Edwin, das ist alles.

Warum ruft sie mich an?, frage ich mich. Sie ruft doch sonst nie an. Und bevor sie die Worte ausspricht, weiß ich, was sie sagen wird, weiß, warum sie anruft. »Nadine, Opa ist gestorben.«

Für einen Moment bin ich wie erstarrt. Stille. Nur unser

Atmen ist in der Leitung zu hören. Das kann nicht sein, denke ich. Das darf nicht sein! Und dann: Morgen will ich doch zu ihm fahren. Nach Hannover. Ich will doch mit ihm noch all die offenen Fragen fürs Buch klären. Ich will …

»Ich wollte ihn doch fragen, wie sein Vater hieß«, sage ich, wohl nur, um etwas zu sagen. Meine Worte machen wenig Sinn. Als wäre es jetzt noch von Bedeutung, wie Edwins Vater hieß. Als wäre es wichtig! Aber ich weiß nicht, was ich sonst sagen soll. Ich will nicht weinen. Nicht am Telefon. Nicht jetzt. Nicht vor ihr. Doch Gaby, eine pragmatische Frau, versteht nicht, dass ich nur rede, um etwas zu sagen. Um nicht schweigen zu müssen. Um nicht weinen zu müssen.

»Opas Vater? Der hieß Arno«, sagt sie.

»Arno«, murmele ich. Ja, das stimmt, ich erinnere mich wieder. Arno also. Ich muss Opa nicht mehr fragen. Ich muss nicht zu ihm fahren. Arno. So einfach ist das.

»Am Dienstag ist die Beerdigung«, sagt Gaby noch. Dann legen wir auf.

Ich starre auf meinen Bildschirm, auf die Worte, die ich eben noch über meinen Großvater geschrieben habe. »Morgens, nachdem Edwin die Zeitung gelesen hatte, fuhr er immer in den Schrebergarten. Mit dem Fahrrad holperte er über das Kopfsteinpflaster ihrer kleinen Straße, dann über die Kreuzung, ein Stück flussabwärts die Leine entlang, über die Brücke. Manchmal blieb er oben, direkt in der Mitte der kleinen Brücke stehen, beobachtete, wie das Wasser unter ihm vorbeifloss.« Immer wieder lese ich diese Zeilen. So lange, bis die Buchstaben vor meinen Augen verschwimmen. »Mein Opa ist tot«, sage ich leise. Erst wenn man es laut ausspricht, wird es wahr. »Mein Opa ist tot!«, schreie ich hinaus. Dann, erst dann weine ich.

Es war der Morgen des 2. Februar, an dem Edwins Körper beschloss, dass es nun genug wäre. Es war kurz nach sechs in der Früh, es war noch dunkel, Edwin war schon aufgewacht. Bis zum Frühstück war es noch hin. Eigentlich hätte er sich umdrehen und weiterschlafen können, bis einer der Pfleger ihn wieder weckte. Ihm beim Anziehen half. Aber Edwin wollte sich nicht helfen lassen. Schließlich konnte er sich noch alleine anziehen, es dauerte nur etwas. Von Tag zu Tag ein bisschen länger. Edwin war oft schwindelig, wenn er aufstand, er war klapperiger auf den Beinen, er brauchte seine Zeit. Aber das machte ihm nichts aus. Zeit hatte er ja genug.

Edwin hatte gerade die Beine auf den Boden gesetzt. War vielleicht ein, vielleicht auch zwei Schritte gegangen. Da passierte es. Der Schlaganfall kam schnell. »Hilfe!«, rief er noch. Dann fiel er.

Um kurz vor halb sieben Uhr morgens trat Pfleger Hans seinen Dienst im Altersheim an. Er war auf seiner üblichen Runde durch jedes Zimmer, als er ihn hörte. Ganz leise. »Hilfe!«, hatte er gerufen. Immer wieder. »Hilfe!« Pfleger Hans eilte in das Zimmer, aus dem die Rufe kamen, das Zimmer von Edwin Ludwig. Die Tür hatte Edwin stets nur angelehnt, nie geschlossen. Zum Glück. Sonst hätte ihn wohl niemand gehört.

Als Hans in das Zimmer kam, sah er, wie Edwin auf dem Boden vor seinem Bett lag. Wie sein Blick und seine Glieder starr waren, wie Blut aus seinem Mund lief. Edwin hatte sich bei seinem Sturz auf die Zunge gebissen. »Hilfe«, sagte Edwin. »Ich krepiere. Ich geh hier vor die Hunde.« Dann sagte er nichts mehr. Der Notarzt kam nach sieben Minuten. Da hatte Edwins Herz bereits aufgehört zu schlagen. Eine halbe Stunde versuchten die Ärzte, Edwin das Leben zu retten, sein Herz wieder zum Schlagen zu bringen. Dann gaben sie auf. Das Herz wollte nicht mehr. Edwin wollte nicht mehr.

Als es vorbei war und Stille in das Zimmer einkehrte, zogen die Sanitäter den Tubus, entfernten die Schläuche. Gemeinsam mit Pfleger Hans legten sie ihn aufs Bett, falteten seine Hände, deckten ihn zu. Friedlich soll er ausgesehen haben, wie er da so lag, würdevoll. Es sei nicht üblich, dass Sanitäter so etwas tun, wird Pfleger Hans später sagen, noch nie habe er erlebt, dass Rettungssanitäter sich nach dem Tod eines Menschen so um ihn kümmern, ihm sogar die Hände falten. In zehn Jahren Dienstzeit nicht.

*

Ich liege in der Badewanne. Seit zwei Stunden. Seit ich weiß, dass Großvater tot ist. Kaltes Wasser raus, heißes rein. Warten, bis das Wasser kalt wird. Kaltes Wasser raus, heißes rein. Ich liege nur da, ganz still. Der Schock sitzt tief. Die Trauer tiefer.

Gleich nachdem Gaby und ich aufgelegt hatten, habe ich alle angerufen. Freunde, Familie. Ich habe ihnen ins Telefon geschluchzt. Wieder und wieder von Großvaters Tod erzählt. Ich habe mich so lange ausgekotzt, bis nichts mehr da war, was ich zu sagen hatte. Jetzt bin ich leer. Eine Kurzmitteilung an Tino: »Kannst du nach Hause kommen? Opa ist tot.«

Kaltes Wasser raus, heißes rein. Tino kommt eine halbe Stunde später, setzt sich an den Badewannenrand. Zuerst schweigen wir eine Weile. Ich weine leise. Tino dreht mir eine Zigarette. Dann fängt er an zu erzählen. Davon, wie er für meine Großeltern immer einkaufen gefahren ist. Damals, als ich schon in Berlin lebte und er noch in Hannover. Wir hatten das Auto von ihnen geschenkt bekommen, weil Oma nicht mehr fahren konnte. Ihren Golf in Türkismetallic. Opa fand die Farbe herrlich. Wir fürchterlich. Alle zwei Wochen sind wir mit meiner Großmutter einkaufen gefahren. Als ich in Berlin lebte, fuhr Tino alleine mit Ria. Jeden zweiten Freitag. »Edwin hat mich immer gebeten, Wein mitzubringen, und wenn ich dann mit Ria beim Supermarkt war, hat sie zu mir gesagt, ich soll nur vier statt sechs Flaschen einpacken und Edwin sagen, es gab nicht mehr Wein. Manchmal haben wir auch keinen Wein gekauft und Edwin dann erzählt, es gebe gar keinen. Er sei schon aus«, sagt er. Ich liege im Wasser und muss grinsen. Das passt zu Ria. Bis zum Schluss konnte sie es nicht leiden, wenn Männer Alkohol tranken. Mein Opa liebte seinen Wein. Es war ein ständiger Kampf zwischen den beiden. Kein offener, sondern eher wie im Kalten Krieg. Man kämpfte verdeckt. »Wenn ich Edwin dann gesagt habe, dass es keinen Wein mehr gibt, hat er mir 20 Euro zugesteckt und mich gebeten, zu einem anderen Supermarkt zu fahren.«

»Und?« frage ich. »Was hast du gemacht?«

»Was sollte ich denn machen? Ich habe ihm seinen Wein gekauft.«

Jetzt muss ich lachen. »Tino?«

»Ja?«

»Er wird mir fehlen.«

Tino drückt meine Hand.

»Mir auch.«

»Tino?«

»Mhm.«

»Wir sollten einen auf Edwin trinken.«

»Müller-Thurgau?«

»Was sonst?!«

»Ich hole welchen.«

Tino will aufstehen. Ich halte ihn zurück, greife nach seiner Hand. Ich will nicht, dass er schon geht. Ich will noch nicht allein sein. Ich will, dass er hierbleibt und mir Geschichten erzählt. Über ihn. Und über sie. Über sie, denke ich. Mit einem Ruck setzte ich mich auf. Das Wasser spritzt. Bei all meiner Trauer hätte ich das Wesentliche fast vergessen. Ich hätte sie fast vergessen. »Ich muss es Ria sagen.«

*

Gleich am nächsten Morgen mache ich mich auf den Weg. Der Zug nach Hannover ist fast leer, außer mir sind es nur ein paar wenige, die so früh schon unterwegs sind. Frauen und Männer, die an ihren Laptops sitzen oder Zeitung lesen. Geschäftsleute. Geschäftige Ruhe. Ich bin dankbar dafür. Mein Schädel brummt noch von dem Müller-Thurgau gestern Abend. Mein Magen ist flau. Ich bin müde und unruhig zugleich. Mir ist unwohl. Und das liegt nicht nur am Alkohol und auch nicht an der Trauer um Großvater. Ich habe Angst vor dem, was kommt. Angst vor meiner Aufgabe, es ihr zu sagen. Ich schaue aus dem Fenster, stelle mir vor, wie es wohl sein wird, wenn ich Großmutter von Großvaters Tod erzählen werde. Ich will es durchgehen. Stück für Stück. Wort für Wort. Ich kann so etwas gut, ich mache das öfter. Ich stelle mir Situationen vor, die passieren könnten, und solche, die passieren werden. Ich denke sie durch. Sie sind schön, manchmal komisch, oft traurig. Ich habe keine Ahnung, warum ich das tue, vielleicht, damit ich vorbereitet bin. Und so habe ich natürlich schon darüber nachgedacht, was passiert, wenn ein Teil meiner Großeltern stirbt. Ich habe mir überlegt, was ich sagen werde, und auch, was mein Gegenüber wohl sagt. Ich habe mir vorgestellt, wie es ist, wenn wir beide an dem Grab stehen werden und gemeinsam trauern werden. Aber ich habe mir nie, kein einziges Mal, vorgestellt, dass es mein Großvater sein könnte, der sterben würde. Für mich war, und ich weiß nicht warum, immer klar, dass es Edwin und ich sein werden. Edwin und ich, die um Ria weinen werden. Edwin und ich, die an ihrem Grab stehen werden. Ich würde seine Hand halten, seine große Hand, er würde neben mir stehen mit Hut und Stock, in seinem schweren Ledermantel, gefüttert mit Teddyfell, draußen im Regen. Nieselregen, leichter Wind von vorn. Genau so würde es sein. Ich habe dieses Bild immer vor mir gesehen, ich hatte nie einen Zweifel. Ich war vorbereitet. Doch jetzt?

Ich blicke aus dem Fenster, schaue zu, wie die Landschaft an mir vorbeizieht, und versuche mir vorzustellen, wie es sein wird, es Ria zu sagen. Versuche mir zu überlegen, was ich sagen werde, was sie sagen wird. Aber kein Bild entsteht, ich sehe nichts. Ich weiß nicht, wie klar ihr Geist heute sein wird. Ob sie mich versteht oder nicht. Es gibt nichts, worauf ich mich noch verlassen kann, nichts, worauf ich meine Vorstellungen bauen kann. Weil von dem, was war und was sie einmal war, nicht mehr viel da ist. Ich kann mich nicht vorbereiten. Ihre Krankheit macht es unmöglich.

Um kurz nach zehn Uhr steige ich in Hannover in die Straßenbahn. Die Strecke zum Pflegeheim, es ist dieselbe Strecke wie zu ihrer alten Wohnung. Ich setze mich auf die rechte Seite der Straßenbahn, mit dem Rücken zum Fenster, direkt neben einen beleibten Mann, der riecht, als hätte er seit Tagen nicht mehr geduscht. Trotzdem setze ich mich nicht um, bleibe auf meinem Platz, mit dem Rücken zur Tür. Ich will die Straße, die zu ihrer alten Wohnung führt, nicht sehen. Nicht heute. Als dann die Haltestelle kommt, ebenjene, an der ich immer ausstieg, lasse ich mich doch hinreißen. Drehe mich um. Schaue in die Straße. Sie sieht aus wie immer. So, als wäre gar nichts geschehen. Und für einen Moment gebe ich mich ihr hin. Der Illusion. Stelle mir vor, dass ich jetzt aussteigen würde. Hinter mir schließen die Türen. Stelle mir vor, wie ich mit Musik in den Ohren zum Bäcker an der Ecke gehen würde, um Kuchen zu kaufen. Stelle mir vor, wie ich mit Oma und Opa am Wohnstubentisch sitze, ihnen sage, wie lieb ich sie habe.

»Achtung, zurückbleiben bitte.« Die Stimme des Straßenbahnfahrers lässt meinen Tagtraum platzen wie eine Seifenblase. Ich bin wieder in der Realität, ich bin wieder in der Bahn, mit dem Rücken zur Tür, neben mir der dicke Mann, der nach altem Schweiß stinkt. Seltsam, denke ich. Ich habe meinen Großeltern nie gesagt, was sie mir bedeuten. Warum eigentlich nicht? Jetzt sind die Türen verschlossen. Die Bahn fährt ab.

Eine halbe Stunde später stehe ich an Rias Bett, beobachte, wie ihre Brust sich langsam, kaum sichtbar, hebt und senkt. Großmutter schläft. So tief und fest, dass sie nicht hört, dass ich ihren Namen rufe. Nicht merkt, wie ich ihr einen Kuss gebe, sie sanft an der Schulter berühre. Ich bekomme sie kaum wach.

»Oma hat geschlafen im Rollstuhl, war ganz blass«, erklärt die Pflegerin mit polnischem Akzent, die ins Zimmer tritt. »Wir mussten sie hinlegen«, sagt sie. Es ist erst elf Uhr am Morgen. Ria hatte wieder eine ihrer Synkopen, einen ihrer Ohnmachtsanfälle, bei denen sie dem Tod näher ist als dem Leben. Fast jeden Tag sackt sie weg. Fast jeden Tag rechnen die Pflegerinnen damit, dass sie nicht wieder aufwacht. Seit Monaten schon. Auch ich war mir sicher, dass es Ria ist, die zuerst geht. Und nun ist es Edwin, der vor ihr gegangen ist. Wie alle anderen auch. Erich, Friedel, Edwin. Ihr erster, ihr zweiter, ihr dritter Mann. Ria hat sie alle überlebt. Wer hätte das gedacht.

Ria schlägt die Augen auf. An ihrem Lächeln merke ich, dass sie mich erkennt.

»Wo ist Opa?«, fragt sie. Oma blickt erst zu mir, dann zu der Pflegerin.

»Ich weiß nicht, wo Opa ist, der ist bestimmt spazieren«, sagt die Pflegerin, bevor ich antworten kann. Sie macht es, wie ich es früher gemacht habe. Bei Frau Meier. Sie erzählt ihr irgendetwas. Lügen.

»Opa ist gestorben«, sage ich leise, den Blick auf die Pflegerin gerichtet.

»Das muss man ihr ja nicht gerade jetzt erzählen. Sie war vorhin schon so weinerlich«, sagt sie.

»Ich muss es ihr aber erzählen«, sage ich. Bedacht darauf, dass meine Stimme ruhig bleibt, fest. Es nützt nichts. Ich höre es selbst. Jedes Wort wackelt. Die Pflegerin schaut mich an. Erst in mein Gesicht, dann auf meine Kleidung. Ich trage Schwarz. Endlich scheint sie zu verstehen.

»Ach, der ist jetzt erst gestorben?«, fragt sie. Ich nicke. »Sollte man Frau Ahr das erzählen?«

Natürlich habe ich mir diese Frage auch schon gestellt. Ob es richtig ist, ihr das zuzumuten. Ob es überhaupt etwas bringt, einer alten, dementen Frau zu sagen, dass ihr Lebensgefährte tot ist. Ob man nicht einfach gar nichts sagen soll, so tun soll, als wäre alles wie immer, sie belügen, weil sie es ja doch nie erfahren würde. So wie vor ein paar Monaten, als Großmutter dachte, Großvater hätte sie verlassen und die Nachbarin geheiratet. Damals habe ich ihr gesagt, Edwin sei nur in Thüringen und komme bald wieder. Es wäre so viel leichter, ihr auch jetzt nicht die Wahrheit zu sagen. Aber da ist diese bohrende Frage in meinem Kopf: Was würdest du wollen, wenn du an ihrer Stelle wärst? Ich weiß, ich würde es wissen wollen. Weil der Tod nun einmal zum Leben dazugehört. Weil ich um den Menschen trauern möchte, den ich liebe. Und auch, weil es mir dann vielleicht leichter fallen könnte loszulassen – vom Leben. Ihm zu folgen, wenn ich will.

»Nein«, sage ich. »Man sollte Frau Ahr das nicht erzählen. Aber ich muss!«

Die Pflegerin zieht eine Augenbraue hoch. Ohne ein Wort rauscht sie davon.

Ich hole mir einen Stuhl, setze mich zu Ria ans Bett.

»Ich hab wieder geturnt, Halswirbelsäule«, sagt sie.

Ich nehme ihren Arm, streichle sie, ihre Haut ist eiskalt.

»Oma, ist dir warm genug?«, frage ich sie.

»Ja. Komm wir gehen.«

»Oma?« Ich decke sie fester zu.

»Ja.«

»Oma, ich muss dir was sagen. Es ist nämlich etwas passiert …« Meine Stimme bricht. Ich schaffe es nicht. Bringe es nicht über meine Lippen.

»Man muss eben Kartoffeln haben, das fehlt einfach.«

»Oma?«

»Nee …«

»Oma?«

»Hast du deine Küche aufgeräumt?«

»Ja, ich hab meine Küche aufgeräumt.«

»Und die haste gleich aufgestellt.«

Nun mach schon, Nadine, denke ich. Sei nicht so feige!

»Oma, Opa hatte einen Schlaganfall am Samstagmorgen und ist leider daran verstorben.« Der Satz kommt schnell, viel zu schnell für sie aus meinem Mund. Ria zeigt keine Regung.

»Komm zieh meine Decke«, sagt sie.

»Hast du gehört, Oma?«

»Nein, ich will was Schöneres.«

»Es ist sehr traurig.«

»Wie essen schmecken.«

»Verstehst du, was ich dir sage?!« Ihre immer unruhigen Hände spielen mit der Decke. Ihr Blick schweift durchs Zimmer.

»Edwin ist gestorben!«

Ria schaut aus dem Fenster. Es regnet.

»Ich muss Kartoffeln schälen.«

»Oma, Edwin ist gestorben.« Meine Stimme ist laut. Sie muss mich doch hören! Sie muss mich doch verstehen!

»Ich kann hier Kartoffeln schälen. Ich bin nicht kaputt. Ich habe heute Nacht von elf bis elf. Ja. Und wie ist deine Uhr?«

Ich gebe auf. Vorerst. »Gut.«

»Und jetzt musste aufstehen? Ist alles zu heiß. Ist das alles?«

»Ja.«

»Du musst anständig essen.«

»Ja, Oma, mache ich.«

»Du, jetzt kommste und dann decke ich den Tisch.«

»Ja.«

»Nur Schnitzel.«

Es reicht. Edwin ist tot, und wir führen hier Gespräche über Schnitzel. Das halte ich nicht aus! Ich stehe auf, nehme ihr Gesicht in meine Hände, drehe es sanft, aber bestimmt zu mir. »Oma, Edwin ist tot.« Pause. »Opa ist tot.«

Ria schaut mich an. Was soll sie auch anderes machen? Unsere Nasen berühren sich fast, so dicht sind unsere Gesichter beieinander. Dann sagt sie: »Die dicken Schlüpfer habe ich genug und das lass da hinten drin.«

Ich lasse ihr Gesicht los, setze mich neben ihr Bett. Lege meinen Kopf in ihren Schoß. Ich fühle mich kraftlos. Ratlos. »Du verstehst mich gar nicht, oder? Wie kann ich dir das bloß erzählen …«

Als es an der Tür klopft, schrecke ich hoch. Die Pflegerin bringt das Mittagessen.

»Wollen Sie es Ihrer Großmutter anreichen?«, fragt sie mich.

Ich nehme den Teller und Löffel, es gibt Germknödel mit Vanillesoße, ich schiebe ihr das erste Stück in den Mund. »Ist es lecker?«

»Mhm …«

Der nächste Löffel.

»Mensch, ist das gut. Gib ihm eine ab oder anderthalb.«

Ihm? Was meint sie mit »ihm«? Ich blicke zu der bettlägerigen Frau neben ihr.

Glaubt sie immer noch, diese Frau wäre Edwin? Wie damals, als Ria mich bat, sie mit dem Rollstuhl zu der Fremden ans Bett zu fahren, weil sie dachte, es wäre ihr Edwin?

Nächster Löffel. Schnabeltasse.

»Mensch, das sind doch schöne Sachen. Diese habe ich schon mehrfach bei dir gegessen.«

Und dann: »Gib ihm was ab. Haste ihm was gebracht?« Sie meint die Frau neben sich. Sie meint Opa. Aber wenn sie glaubt, dass das Großvater ist, wie soll ich ihr dann klarmachen, das Edwin tot ist? Inmitten meiner Fragen und Gedanken sagt sie: »Nee, ich geh nicht mehr, es gießt so.«

»Du musst nicht gehen.«

Nächster Löffel. Großmutter kaut. Großmutter schmatzt.

»Ist es so richtig?«, fragt sie.

»Ja, so ist es richtig.«

»Hat er dich gesucht, oder?«

»Wer?«

»Sie.«

Ich lache. Lache über unser Gespräch, das keines ist. Lache vor lauter Hilflosigkeit. Und auch, weil es, wenn es nicht so traurig wäre, eigentlich fast komisch ist. Ria und ich. Gemeinsam in einem Raum mit einer Frau, die sie für ihren Mann hält. Ich, die ihr zu sagen versucht, dass ihr Mann, den sie doch im Bett neben sich liegen sieht, tot ist und sie, die mir etwas über das Essen und Schlüpfer erzählt.

Noch ein Löffel. Ein Schluck aus der Schnabeltasse.

»Ich hätte mehr machen müssen. Ich hab's gut gemacht, jetzt kann ich aber nicht mehr.«

Diesmal verstehe ich. Ria ist satt.

»Gib mir mal ein Handtuch«, sagt sie.

»Du hast eins umgebunden«, sage ich.

»Jetzt esse ich nicht mehr.«

»Noch einen Löffel?« Die Frage ist obligatorisch. Ich weiß ja, dass sie nicht mehr will.

»Nee, zwei.«

Ich lache. Lange. Laut. So lange, bis ich weine.

»Geht's dir gut?«

»Ich bin traurig.«

»Dir geht's nicht gut.« Sie schaut mich an. Ganz direkt. Ganz offen. Und für einen Augenblick lang ist es wieder so wie früher, als Oma mich noch verstand, als sie mich tröstete, wenn ich Sorgen hatte. Als ich noch die Enkelin und sie die Großmutter war. Vielleicht, denke ich, ist das ein guter Moment. Vielleicht ist sie gerade in meiner Welt. Bei mir. Ich hole Luft. Ein Versuch noch. Ein allerletztes Mal.

»Nein, weil Opa gestorben ist.«

»Oma ist nicht gekommen?«

»Opa ist gestorben.« Ich schreie so laut, dass wohl das ganze Heim mich hört. Ria zuckt nicht einmal.

»Oh … und da bist du gekommen.«

»Ja.«

Ria schnauft. Dann sagt sie: »Das kann er nicht machen! Sonst fahr ich hin.«

19

Dann kommt der Tag, an dem wir Edwin Ludwig, meinen Großvater, beerdigen. Es ist ein Tag im Februar, der Tag nach meinem Geburtstag. Im Morgengrauen fahre ich nach Hannover, meine Mutter und mein Stiefvater holen mich am Bahnhof ab. Auf dem Parkplatz vor der Kapelle treffen wir die anderen: Edwins Schwiegertochter, seinen Enkel, meine Patentante. Man begrüßt sich – »mein Beileid« –, Händedruck, Umarmung. Wir gehen die wenigen Schritte vom Parkplatz zur Kapelle. Ein Flachbau aus rotem Stein, trostlos wie der Tod selbst.

Es ist nicht das erste Mal, dass ich diese Kapelle betrete, schon einmal bin ich hier gewesen. Damals, als Großvaters Sohn gestorben ist. Sechs oder sieben Jahren ist das jetzt her. Ich weiß noch, wie ich neben den Großeltern vorne in der ersten Reihe vor dem Sarg stand. Edwin hatte seinen guten schwarzen Anzug an, er trug ihn bei Hochzeiten und Beerdigungen, Ria ihr dunkelblaues Kleid. Ich weiß noch, wie Ria, als der Redner ans Pult trat, Edwins Hand nahm. Wie ihre fast ganz in seiner verschwand. Wie sie ihn festhielt. Diese kleine Hand. Ria. Damals habe ich zum ersten Mal begriffen, dass sie die heimliche Starke in ihrer Beziehung war. Viel stärker als er. Natürlich war sie das. Sie war es schon immer. Ria hatte ihren ersten Mann an den Krieg verloren, Edwin an eine andere Frau und dann

Jahrzehnte mit einem Tyrannen gelebt. Sie hatte all das überstanden. Sie hatte all das überlebt. Und sie wäre auch stark genug, um das hier zu überstehen. Diese Beerdigung. Das weiß ich. »Sie können Ihre Großmutter nicht mit zur Beerdigung nehmen«, hatte die Heimleitung gesagt. »Was machen Sie, wenn sie wieder einen ihrer Ohnmachtsanfälle kriegt?« Fast täglich sackte Ria inzwischen weg. Wenn man sie nicht gleich hinlegte, könnte sie sterben, sagten die Ärzte. »Das passiert nicht«, hatte ich gesagt. »Ich weiß es.« Doch es nützte nichts. Das Heim wollte das Risiko nicht eingehen. Ria, die Einzige, die Edwin wichtig gewesen wäre, die Einzige, die heute hätte hier sein müssen, sie durfte nicht kommen.

Also stehe ich allein, ohne sie, vorne vor dem Sarg, in dem nun mein Großvater liegt. Ein schlichter Holzsarg auf einer weinroten Decke, dahinter künstliche Kerzen. Rechts und links und auf dem Sarg liegen Blumengestecke. Letzte Grüße, in lieber Erinnerung.

Als der Organist die ersten Töne anschlägt, muss ich schlucken, dann weine ich. Ich weiß, Großvater hätte nicht gewollt, dass ich um ihn weine, aber ich kann nicht anders. Die letzten Töne verklingen, ein Mann in einem schlechtsitzenden, grauen Anzug und mit blaugetönter Brille tritt ans Pult, ordnet ein paar Papiere, atmet hörbar ein, dann fängt er an, über Edwin zu sprechen. Er sagt: »Edwin Ludwig war ein Mann, der mit sportlich fairem Geist seinen Mitmenschen begegnet ist. Der sich durch Besonnenheit ausgezeichnet hat und mit Kraft und Energie durchs Leben gegangen ist. Ein Mann, der fröhlich und lustig sein konnte, eine lebensbejahende Einstellung hatte und mit Optimismus und positivem Sinn durchs Leben gegangen ist. Edwin Ludwig war ein Mann mit Charakter.«

Ich rümpfe die Nase, ziehe die Stirn zusammen. Es

stimmt nicht, was er sagt, denke ich, dieser Redner, der kein Pastor ist. Es ist nicht falsch, es ist nur belanglos. Es ist eine Trauerrede, wie jede andere. Wie für jeden anderen. Edwin Ludwig aber war nicht wie jeder andere. Er war für mich mehr als ein Mann, der eine lebensbejahende Einstellung hatte. Er war mein Opa, mein Held. Und während ich so tue, als würde ich zuhören, diesem Redner und seinen nichtssagenden Worten, stelle ich mir vor, wie ich an diesem Pult stehen würde, neben dem Sarg, und wie ich über Großvater reden würde.

Mein Großvater, würde ich sagen, war der Mann, der mich als kleines Kind bei Hochwasser durch den Schrebergarten getragen hat. Er in seiner Regenhose, ich auf seinem Arm. Hätte er mich fallen gelassen, wäre ich untergegangen. Das Wasser war höher, als ich es war. Und eiskalt. Und doch hatte ich keine Angst. Ich wusste, er würde mich nicht fallen lassen. Ich war sicher in seinen Händen, so groß wie Schaufeln. Sicher bei ihm.

Mein Großvater war der Mann, der, wenn er Wein trank, diesen nicht einfach nur runterschluckte, sondern vorher damit seinen Mund ausspülte, als wäre es Mundwasser. Es strudelte, zischte und blubberte immer, wenn er trank. Ich weiß, viele fanden das eklig. Ich fand es herrlich.

Mein Großvater war der Mann, der so stolz darauf war, ein Arbeiter zu sein, dass er seine Uhr, die er für fünfzig Jahre in der Gewerkschaft bekam, für eine Trophäe hielt, die er auch dann noch aufbewahrte, als diese Uhr, ein dreieckiges Ding aus Eisen, schon längst nicht mehr funktionierte.

Mein Großvater war der Mann, der Gartenzwerge mit Silberfarbe ansprühte und Uhren mit Steinen und Pilzen, die an Bäumen wuchsen, beklebte. Weil es ihm Spaß machte, auch wenn andere sich darüber lustig machten. Weil er einen Gartenzwerg in Silber oder Gold einfach schöner fand als einen bunten.

Mein Großvater war der Mann, der an seinem Gartenzaun, direkt neben der Brombeerhecke, ein Schild aufhängte, auf dem »Vorsicht, verstrahlt« stand, weil er nicht wollte, dass vorbeigehende Besucher von seinen Brombeeren naschten.

Mein Großvater war der Mann, der mich auf seinen Füßen reiten ließ, so lange ich wollte, der mich auf seinen Schultern trug, wenn ich müde wurde, und der mir stets ein Kissen auf den Gepäckträger legte, damit ich bequemer saß, wenn wir gemeinsam mit dem Fahrrad, ich hinter ihm, die Arme fest um seine cremefarbene Lederjacke geschlungen, in den Garten fuhren.

Mein Großvater war der Mann, der nie ein Fußballspiel im Fernsehen verpasste. Wenn ich gerade zu Besuch war, schauten wir uns das Spiel gemeinsam an. Und doch habe ich mich so wenig dafür interessiert, dass ich nicht sagen kann, ob er für Schalke, Bayern oder doch Hannover 96 war.

Mein Großvater war der Mann, der seinen Schrebergarten liebte wie keinen anderen Ort der Welt. So wie ich.

Mein Großvater war der Mann, der nie die Zahnpastatube zudrehte.

Mein Großvater war der Mann, der jeden Freitag auf den Markt ging, um seinem Mädchen Blumen zu kaufen.

Mein Großvater war der Mann, der nichts lieber machte, als durch die Wälder Thüringens zu wandern. Pfeifend, einen Hut auf dem Kopf und einen Stock in der Hand. Einmal habe ich ihn dabei begleitet. Habe gemeinsam mit ihm Pilze, deren Namen ich bis heute nicht weiß, von Baumstämmen abgeschnitten. Großvater hat mir mit seinem Taschenmesser aus einem Ast einen Wanderstock geschnitzt.

Mein Großvater war der Mann, der stets Müller-Thurgau trank. Sein einziges Laster. Seine heimliche Freude, die er erst aufgab, als er Ria verließ. Es war ihm nicht mehr nach Wein, der Müller-Thurgau schmeckte nicht mehr.

Mein Großvater war der Mann, der mir das Steigerlied beibrachte. Andere Kinder singen »Hoppe, hoppe Reiter«. Ich sang »Glück auf, Glück auf, der Steiger kommt«. Ich wusste damals nicht, was ein Steiger ist oder was »Glück auf« eigentlich bedeutet. Aber ich habe es aus voller Kehle mitgesungen, und bis heute kann ich jede Zeile. Bis heute muss ich, wenn ich Marschmusik höre, mit dem Fuß mitwippen. Ich kann nicht anders, auch wenn es mir peinlich ist.

Mein Großvater war der Mann, der, als ich älter wurde, immer mit mir darüber stritt, wer nun der bessere Kanzler sei: Willy Brandt oder Helmut Schmidt. Ich war Abiturientin, als wir das erste Mal darüber sprachen. Ich mochte Brandt, er Schmidt. Später fand ich Schmidt genauso gut, aber wenn ich das gesagt hätte, dann hätten wir nicht mehr darüber streiten können, und ich mochte es, mit Opa zu diskutieren. Also sagte ich nichts.

Mein Großvater war der Mann, der mir Geschichten aus dem Krieg erzählte und dessen Augen feucht wurden, wenn er davon sprach, wie er aus der Gefangenschaft entlassen mit dem Zug nach Hamburg einfuhr. Alle Bewohner hatten Kerzen in die Fenster und Ruinen gestellt.

Mein Großvater war der Mann, der besser angezogen war als jeder andere, den ich kenne. Dessen Pullover stets zur Krawatte passte, die Hose zum Hemd. Mit 91 Jahren.

Mein Großvater war der Mann, der sich an sein Wort hielt. Weil er glaubte, dass ein Mann sich an das halten muss, was er sagt. Weil es sich so gehörte. Nur einmal hat er es nicht getan. Ein einziges Mal nur hat er sein Wort gebrochen. Verziehen hat er sich das nie.

Mein Großvater, Edwin Ludwig, war der Mann, der meine Großmutter liebte.

»Danken wir ihm noch einmal für seine Liebe, seine Zuneigung, seine Hilfe und Fürsorge«, sagt der Mann vorne am Pult. Er ist am Ende seiner Rede angelangt, ich am Ende meiner. Ich habe sie nicht laut gehalten wie er. Niemand in diesem Raum hat sie hören können. Aber das macht nichts. Sie ist für Edwin. Er wird sie gehört haben, er wird sie verstehen. So wie er die Worte verstehen wird, die ich auf das Band des Gesteckes habe schreiben lassen. Das Gesteck in Lila, Weiß und Orange, das ich für Ria gekauft habe. Weil sie es nicht mehr kann. Das Gesteck, das nun links neben dem Sarg liegt. Die Worte auf dem Band sind schlicht. Kein »In liebender Erinnerung«, nichts dergleichen. Nur zwei Wörter. »Dein Mädchen«.

Bevor wir den Saal verlassen, sagt der Redner noch: »Und wir sollten immer den Gedanken mit uns tragen, dass die Erinnerung das einzige Paradies ist, aus dem wir nicht verdrängt werden können.« Ich schaue auf mein Gesteck, denke an Ria. Daran, wie sie immer mehr vergisst, wer sie ist und wer sie war. Daran, dass sie nicht mehr weiß, wie sie Edwin kurz nach dem Krieg kennengelernt hat. Wie der erste Kuss schmeckte und dass Edwin stets nach Tannennadeln roch. Wie sie sich in ihn verliebte und sich heimlich nachts zu ihm schlich. Sie weiß nicht mehr, wie sie auf der Fahrt nach Katzhütte oben auf der Lok gesessen haben, und auch nicht, wie es war, als sie Edwin das erste Mal mit Irmgard sah. Wie sie ihn, ihren Edwin, verlor und wiederfand, damals im Sommer 1971, auf dem Fest der Schützen. Wie sie mit ihm lebte. Wie sie gemeinsam glücklich waren. All die Jahre, sie wird sie verlieren, sie hat sie verloren. »Die Erinnerung ist das einzige Paradies, aus dem wir nicht verdrängt werden können.« Doch, denke ich. Das können wir.

Unsere kleine Trauergemeinde geht aus der Kapelle, den Sarg lassen wir zurück. Wir werden Edwin nicht zu seinem Grab begleiten, nicht zusehen, wie er in die Erde gelassen wird. Mein Großvater wollte anonym beerdigt werden. Er wollte auf einer grünen Wiese liegen. Ohne Marmorstein oder Holzkreuz. Ohne Blumen, ohne Buchsbäume. Großvaters Grab sollte schlicht sein, einfach, so wie er, so wie sein Leben war.

Bevor wir im Restaurant, nicht weit vom Friedhof entfernt, noch einmal auf Edwin anstoßen werden, ein gutes Essen zu uns nehmen und uns gegenseitig Geschichten über ihn erzählen, will ich sehen, wie Großvaters Wiese aussieht, auf der er liegen wird. Ich möchte wissen, wo er sein wird, ob er es schön hat, da, wo er liegt, selbst wenn ich weiß, dass das für ihn wohl nicht mehr von allzu großer Bedeutung ist. Die anonyme Grabstätte, sie liegt ein wenig weiter hinten auf dem Friedhof, abseits von den Hauptwegen. Ich laufe vorbei an fremden Gräbern und Namen. Gräber, auf denen Engel stehen, Kerzen brennen und kleine Tannen wachsen. Ich hätte auch gerne eine Kerze angezündet und eine Tanne gepflanzt, denke ich. Ich hätte auch gern einen Ort gehabt, zu dem ich gehen kann. Mit einem Grabstein, auf dem sein Name steht.

Zweimal verlaufe ich mich, dann entdecke ich das kleine Holzschild, das den Weg zu den anonymen Grabstätten weist. Erst links, dann rechts, ein wenig verwinkelt an einer Hecke vorbei. Ich stehe auf einem kleinen, gepflasterten Platz, in der Mitte ein großes Herz aus Stein, wie eine Schale, randvoll gefüllt mit Rosen und Tulpen. Am Rand des Platzes, dort, wo die Pflasterung endet und die Wiese beginnt, liegen hunderte Sträuße, Tannengestecke, dazwischen Grabkerzen. Ein Meer aus Blumen. Abgelegt von Freunden, Liebenden, Trauernden. Manchmal liegt ein kleiner runder Stein, so groß wie eine Faust, mit einem Namen darauf, dazwischen. Marianne, Erich, Sarah. Menschen, die hier irgendwo auf dieser Wiese liegen, die so weit ist wie ein Fußballfeld, nur schöner. Vereinzelt stehen Bäume auf dem Rasen. Eine Kastanie, eine Eiche. Es liegt noch altes Laub vom Herbst herum. Überall sind kleine

Hügel aus Erde. Nicht von den Totengräbern. Von den Maulwürfen, die hier leben, wie auf jeder anderen Wiese auch. Die Wiese, auf der Großvater liegen wird, sie sieht nicht aus wie ein Grab, sondern wie ein sehr schöner Platz, an dem man sich im Sommer gern unter einen Baum legt. Ein Ort, an dem man verweilen möchte. Ein Ort, an dem man begraben sein möchte. Ich verstehe nun, warum Großvater lieber hier als in einem normalen Grab liegen wollte. Und nicht nur er. Irgendwann, in ein paar Monaten oder Jahren, wird auch Großmutter hier liegen. Ria wird zu ihm kommen. Ich weiß nicht, ob sie nahe beieinanderliegen werden oder ob Oma in einem anderen Teil der Wiese begraben werden wird. Aber selbst wenn. Allein der Gedanke, dass die Großeltern hier liegen werden, beide, ich finde ihn tröstlich. Nach allem, was passiert ist, nach all den Jahren, werden Edwin und Ria wieder zusammen sein. Am Ende, wenn auch Ria beschließt, dass es nun gut sei, dass sie lange genug durchgehalten, ausgehalten hat, wenn sie stirbt, und wir um sie weinen, wenn unser Leben dann weitergeht, ohne sie, wird Edwin bei ihr sein. So, wie er es versprochen hat.

Epilog

Die Geschichte von Edwin und Ria ist fast erzählt. Das letzte Kapitel wird Ria schreiben. Irgendwann. Es wird ihre Entscheidung sein, wann sie zu ihm geht. Ria hat ihre Sprache fast ganz verloren, sie ist bettlägerig. Phase drei ist abgeschlossen. Sie ist im Übergang zu Phase vier. Die Phase des Vegetierens. Die letzte vor dem Tod. Doch bis es so weit ist, bis dahin, werde ich bei ihr sein, wenn ich kann. Ihre Hand halten und ihr wünschen, dass sie loslassen kann. Vom Leben. Das wünsche ich ihr. So sehr. Und wenn ich ehrlich bin, wünsche ich es auch mir. Weil es leichter wäre, wenn sie tot wäre. Es gibt nichts Schlimmeres als einen Menschen, den man liebt, so zu sehen und zu wissen, dass es nichts, einfach gar nichts gibt, das man tun kann, um es leichter oder besser zu machen.

Es ist regnerisch, als wir am frühen Morgen in Berlin unser Auto packen. Wir haben die Reise in den letzten Wochen immer wieder verschoben. Es wollte einfach nicht Frühling werden. Der kälteste März seit hundert Jahren, sagen die Wetterexperten. Jetzt ist es April. Nasskalt. Dieses Wochenende fahren wir, habe ich beschlossen. Ich will nicht länger warten. Es ist an der Zeit.

Wir nehmen Wanderschuhe mit, Regensachen für alle Fälle. Es ist nicht einmal neun Uhr, als wir losfahren. Die

Stadt ist noch ruhig. Es sind vier Stunden Fahrt, die wir vor uns haben. Wir nehmen die A9 Richtung Süden. Zuerst sind wir schweigsam, es ist zu früh für Gespräche, erst als der Kaffee in Pappbechern langsam seine Wirkung tut, fangen wir an zu reden. Ich erzähle von Alltäglichem, Tino auch.

Bei Miesitz fahren wir ab, nehmen die Landstraße über die Dörfer. Der Regen hat sich verzogen, die Sonne kommt heraus, scheint auf die Berge, dringt durch die Bäume auf den kahlen Boden, auf dem noch Laub vom Herbst und vereinzelt Schnee vom Winter liegt. Je weiter wir fahren, umso dichter wird der Tannenwald, umso kleiner werden die Ortschaften. Schwarzburg, Sitzendorf, Unterweißbach. Kleine, eng aneinandergebaute Häuser, die Mauern mit Schiefertafeln bedeckt. Aus den Schornsteinen steigt grauer Rauch auf. Wir sehen Muttchen mit Kittelschürzen und Jutebeuteln durchs Dorf gehen und Männer, die sich nach uns, den Fremden, umdrehen. Kinder, die mit ihrem Roller direkt auf der Straße fahren. Wir finden das alles idyllisch und wunderschön. Die alten Dorfkirchen, erhöht auf einem Berg, die Flüsse und Bäche rechts und links, in denen das Schmelzwasser des Winters abfließt. Staunende Berliner. Vielleicht sollten wir später doch aufs Dorf ziehen.

Seit wir durch das Schwarzatal fahren, spüre ich zum ersten Mal so etwas wie Nostalgie für diese Gegend, in der ich nie gewesen bin. »Edwin hat vom Schwarzatal gesprochen«, sage ich. Wir hören auf, über die Belanglosigkeiten des Lebens zu reden, ich fange an von Großvaters Erzählungen zu berichten. Wie er hier früher immer wandern gegangen ist. Vor allem auf dem Wurzelberg war er gerne. Hier hatten wir auch spazieren gehen wollen, Edwin und ich, bei unserem gemeinsamen Besuch in Katzhütte. In der alten Heimat. Es ist die Reise, die wir schon im Sommer vergangenen Jahres geplant haben. Die Reise, die wir gemeinsam im Frühjahr hatten machen wollen. »Ich will noch einmal nach Hause kommen«, hat Edwin erst Anfang dieses Jahres zu seinem Cousin gesagt. »Nadine will mit mir fahren.« Es war ihr letztes Telefonat. Zwei Wochen später war Edwin tot.

Nun sind es Tino und ich, die diese Reise machen. Weil ich sehen will, wo die Großeltern herkommen, wo sie glücklich waren. Weil ich sie für ihn machen will, für Edwin. Mit Tino an seiner statt. Und weil ich das Gefühl habe, dass ich diese Reise brauche. Katzhütte ist mein Abschluss. Mein letztes Kapitel in unserer Geschichte.

Noch einmal schlängelt sich die Straße zwischen dichtem Tannenwald hindurch, eine letzte Kurve links, dann sehen wir das Ortsschild. Katzhütte. Geduckt zwischen Bergen und Tannen liegt das Dorf, an dem die sogenannte Katze fließt. Jener Bach, der hinter Edwins Elternhaus vorbeifließt und in den Ria als kleines Kind gefallen ist. Im Schritttempo fahren wir durch die wenigen Straßen des Ortes. Gedrungene Häuser aus cremefarbenem und dunkelblauem Schiefer reihen sich nebeneinander, in der Mitte der Dorfplatz, das gelb gestrichene Gemeindehaus, dahinter, etwas erhöht, die Kirche. Es gibt eine Apotheke, eine Drogerie, einen Bäcker, eine Grundschule, auf der in Schreibschrift der Spruch »Ohne Fleiß keinen Preis« steht, eine Sparkasse und eine Gaststätte in der Ortsmitte. »Geschlossen« steht auf einem Schild vor der Kneipe. Das Dorf wirkt so verlassen wie die Gaststätte. Nur ein kleiner Junge fährt auf seinem Fahrrad die Straße auf und ab. Sonst sehen wir niemanden.

Unsere Pension liegt ein wenig abseits den Berg hoch. Auf einer Schotterstraße fahren wir einen kleinen Bach entlang. »Nur Durchfahrt bis zum Amselheim«, steht auf dem Wegweiser. Auch Edwin und Ria haben hier übernachtet. Jahr für Jahr. Ich kenne die Fotos von dem Haus, ganz in Weiß gestrichen mit der dunklen Holzverkleidung unterm Dach. Edwin und Ria auf der Terrasse vorm Heim, bei Wein und Wildgerichten. Ria, die vor der Tür der Gaststätte posiert. Edwin in anderer Pose, derselbe Hintergrund. Immer dieselben strahlenden Gesichter. Als wir aus dem Auto aussteigen, hören wir das Plätschern des Baches, der an der Pension entlangfließt, das Zwitschern der Vögel. Ich atme tief ein. Die Luft schmeckt und riecht. Sauber und klar. Die Sonne scheint zwischen den Wolken hindurch. Von weitem klopft ein Specht. Ich denke an Großmutter und daran, wie sie in ihren Gedanken nach Thüringen reist. Ich kann sie verstehen. Mehr Idylle geht nicht.

Wir gehen die wenigen Schritte zur Pension, die, eingerahmt vom Wald, vor uns liegt. Der Wirt empfängt uns noch vor der Tür, man habe schon auf uns gewartet. Es ist noch vor der Saison. Wir sind die einzigen Übernachtungsgäste. Eine kleine Holztreppe führt zu unserem Zimmer unterm Dach. Auf dem Weg dorthin schauen uns gefühlte hundert Augen an. Ausgestopfte Füchse, Vögel und irgendein Tier, das mich an ein Frettchen erinnert. Aber darf man die überhaupt ausstopfen?

Die Einrichtung des Zimmers ist so modern wie das Amselheim selbst. Buntgemusterter Teppich, der in den achtziger Jahren bestimmt todschick war. Eine weiße Ledercouch, ein weißes Doppelbett mit goldenen Stangen am Kopfteil. Im Bad Fliesen in Beigebraun. Gemütlich ist es irgendwie trotzdem. Die Dachschrägen, die Holzbalken. Von unserem Balkon aus blickt man auf Berge und Tannen. Das Dorf sieht man von hier aus nicht. Es muss herrlich sein, den Tag hier mit einem Buch in der Hand auf dem Balkon zu sitzen. Großvater hat viel gelesen. Vielleicht saß er auch hier, schaute auf die Tannen, versunken in einen guten Roman.

»Kommst du?«, reißt Tino mich aus meinen Gedanken. Wir haben keine Zeit, die Aussicht zu genießen, wir sind verabredet. Wir sind spät dran.

*

Das Haus von Cousin Horst liegt an der Hauptstraße, keine fünf Minuten Autofahrt vom Amselheim entfernt. Schon kurz nach dem ersten Klingeln macht er auf, fast so, als hätte er direkt hinter der Tür gestanden und auf uns gewartet. Die Begrüßung ist herzlich und fremd zugleich. Wir haben uns seit Jahren nicht gesehen, sind irgendwie verwandt und irgendwie doch nicht. Steife Freundlichkeit. Beim ersten Schluck Kaffee – das gute Geschirr mit Goldrand, dazu kunstvoll gefaltete Servietten – tauschen wir Höflichkeiten aus: »Wie geht es euch?« und »Wie war die Fahrt?«.

Beim zweiten Stück Kuchen wird es besser. Cousin Horst kommt ins Plaudern. Er erzählt davon, wie Edwin in den Ferien immer nach Katzhütte kam. Das erste Mal im Sommer nach seiner Hochzeit mit Irmgard. Und wie er mit zum Mähen auf die Wiese an der »Sedanklause« musste. Damals hätten sie noch mit der Sense gemäht. Ich kann es mir vorstellen, wie Edwin in Lederhose und mit aufgekrempelten Ärmeln im Gras stand. »Der Edwin war ein Schlitzohr«, sagt Horst. Gegen Abend, sie hatten nicht mehr viel zu mähen, hätte er keine Lust mehr gehabt. Da hat er die Sense einfach so stark in den Boden gerammt, dass sie entzweibrach. »Mit einem breiten Grinsen im Gesicht ist er dann runter zur Dorfschenke gelaufen, während wir anderen noch weitergemäht haben.« Ja, denke ich, das passt zu Großvater.

Cousin Horst erzählt davon, wie Edwin später mit Ria jedes Jahr zum Urlaub kam. Wie sie abends immer zusammen im »Amselheim« gesessen haben. Getanzt haben sie. Getrunken. Gesungen. »Der Teufel hat den Schnaps gemacht« war so ein Lied. Cousin Horst lacht verschmitzt. Für einen Moment erinnert er mich an Edwin.

Es ist schon später Nachmittag, als wir gehen. Das Auto haben wir gegenüber von seinem Haus geparkt. Horst bleibt im Türrahmen stehen, bis wir eingestiegen sind. Er winkt, als wir davonfahren. »Am besten, ihr fahrt zum Oberbecken in Goldisthal«, hat er uns noch mit auf den Weg gegeben. »Von da aus habt ihr einen guten Blick. Und wenn ihr die Straße nach Neuhaus nehmt, kommt ihr auch an Edwins Elternhaus vorbei. Auf der Anhöhe der Straße auf der rechten Seite.«

Großvaters Geburtshaus ist schnell gefunden. Wir parken mitten auf der Straße. Ich steige aus, mache ein Foto. Betrachte die dunkelblaue Schieferplattenwand, die kleinen Fenster. Hier ist Großvater also aufgewachsen. Mit dem Rauschen der Katze, dem Bach des Dorfes, im Ohr und hohen Wäldern um sich herum. Auf der Straße fährt wieder der kleine Junge auf seinem Fahrrad vorbei, den wir schon vor ein paar Stunden getroffen haben. Er nickt, wie man das eben macht auf dem Dorf. Wir nicken zurück.

Katzhütte, eine kleine heile Welt, denke ich. Genau wie die Welt in Edwins Schrebergarten. Genau wie Rias und sein Leben. Einfach. Beschaulich. Gemütlich. Ich schaue dem Jungen auf seinem Fahrrad nach, stelle mir vor, wie Edwin als kleiner Junge über die steilen Straßen von Katzhütte gefahren ist. Es wäre schön gewesen mit Großvater vor seinem Elternhaus zu stehen. Er hätte dieses Haus, diesen Moment, besonders gemacht. Aber so? Ich schaue das Haus an. Es sieht aus, wie all die anderen Häuser auch. Nicht größer. Nicht kleiner. Edwin fehlt hier, denke ich. Seine Erinnerungen, seine Anekdoten. Er fehlt mir. »Lass uns fahren«, sage ich.

Auf der Fahrt zum Oberbecken bin ich wortkarg. Ich bin traurig, dass wir diese Reise nicht schon vor Jahren gemacht haben. Damals, als es Großmutter noch gutging und Großvater noch am Leben war. Wir haben uns nie die Zeit genommen. Ich habe sie mir nie genommen.

Als wir Schritt für Schritt die steile Straße zum Becken hochlaufen, den Wind und die Sonne im Gesicht, fühle ich mich besser. Mit jeder Kurve, die wir um den Berg herumgehen, dem Gipfel ein Stück näher kommen, sehen wir mehr von der Landschaft unter uns. Kleinere Berge, Wälder, die sich vor uns erstrecken, so weit das Auge reicht. Oben am Aussichtspunkt machen wir Pause, lehnen uns an einen aufgebockten Stamm, auf dem »Schau ins Land« steht. Ich schaue ins Land. In die Weite. Lasse die Gedanken über die Wipfel der Tannen schweifen und über die letzten drei Jahre. Die Anfänge von Großmutters Krankheit, die Trennung, der Umzug Großvaters ins Heim zu Ria, weil er sein Versprechen halten wollte, und dann wieder sein Auszug, weil er es nicht halten konnte. Zwischen all dem die Frage, was all das mit mir macht, Rias Krankheit, Edwins Versprechen, ihre Geschichte. Wie würde es sein, wenn es mir, wenn es uns passieren würde? Die Frage, von der ich nicht weiß, ob ich die Antwort hören möchte.

»Tino?«

»Mhm.«

»Wenn es uns passieren würde, wenn ich dement werden würde, würdest du dann bei mir bleiben?«

Tino dreht sich zu mir. Ein wenig erschrocken schaut er mich an.

»Du fragst mich, was ich tun würde, wenn du dement wärest?«

»Ja. Ob du bei mir bleiben würdest.«

»Ganz schön schwierige Frage ...«

Er schweigt. Ringt mit sich. Mit der Antwort. Ich kann es sehen an seinem Körper, der sich anspannt, an seinem konzentrierten Blick. Er schaut auf einen Punkt in der Ferne, dann sagt er: »Natürlich will ich mein Leben bis zum Ende gemeinsam mit dir leben. Das wünsche ich mir.«

»Auch dann noch?«

»Ich habe ja mitgekriegt, wie die Krankheit am Ende verläuft. Wenn ich das jetzt nicht so mitbekommen hätte mit Ria, hätte ich gesagt, na klar, wir kriegen das schon hin.«

»Und jetzt?«

»Weiß ich, dass man so ein Versprechen nicht unter allen Umständen halten kann.«

Tino schweigt. Dann fragt er: »Hätte Edwin Ria versprochen, immer bei ihr zu bleiben, wenn er gewusst hätte, was auf ihn zukommt?«

Die Frage hängt über unseren Köpfen. Über den Bergen von Katzhütte.

»Vielleicht kann man es sich wünschen, aber es sich nicht versprechen. Dass der andere bleibt«, sage ich.

»Es könnte ein Ziel sein, zusammen zu bleiben. So lange man es kann. Und dann muss man die Freiheit haben zu sagen: Ich kann nicht mehr«, sagt er.

»Ja, aber wann ist das? Wann ist der Punkt?«, frage ich.

»Schwierig. Ich darf mich nicht kaputtmachen, aber ich bin auch verantwortlich für den Menschen, den ich liebe. Ich kann nicht einfach gehen.«

»Aber bist du weniger verantwortlich, wenn du frühzeitig eine gute Betreuung für mich findest und mich jeden Tag besuchst? Bedeutet jemanden zu lieben nicht auch, loslassen zu können?«

Ich erwarte keine Antworten. Nicht sofort. Es sind die Fragen, die ich mir selbst immer wieder gestellt habe. In den letzten Wochen und Monaten. In den letzten Jahren. Es sind Fragen, auf die es keine richtigen und keine falschen Antworten gibt. Ich kann nur meine Antworten finden, Tino seine. Sie werden anders sein als die von Edwin und Ria, weil die Zeit, in der wir leben, eine andere ist. Weil wir anders sind. Ich. Ich wohne nicht bis zu meinem Lebensabend in derselben Wohnung. Ich fahre im Urlaub nicht nach Hause nach Hannover. Ich heirate nicht aus Pflichtbewusstsein. Ich verspreche niemandem, für immer bei ihm zu bleiben, egal, was passiert.

»Ich kann dir versprechen, dass ich versuchen werde, das Beste für dich und für mich zu tun«, sagt Tino. »Und wenn ich glaube, dass es besser für uns beide ist, getrennt zu leben, dann tue ich doch damit nichts Schlechtes, oder?«

»Nein«, sage ich. »Du verlässt mich ja nicht.«

Ich nehme Tinos Hand. Sie ist nicht so groß wie Edwins, denke ich. Aber sie hält mich.

Danksagung

Ich danke Amrai Coen und Miriam Stude, die nicht müde wurden zu lesen und zu kritisieren.

Tino Elsaesser – für alles.

Ilka Heinemann und Heike Gronemeier für die gute Zusammenarbeit.

Vor allem aber danke ich meinem Großvater Edwin Ludwig dafür, dass er mir seine und Rias Geschichte anvertraut hat. Ich hoffe, dieses Buch hätte ihm gefallen.